华夏文明之源

玉 帛 之 路

BEIYING XUNZONG

贝影寻踪

安 琪 / 著

甘肃人民出版社

图书在版编目（ＣＩＰ）数据

贝影寻踪 / 安琪著. -- 兰州 ： 甘肃人民出版社，
2015.10
　（华夏文明之源·历史文化丛书）
　ISBN 978-7-226-04853-5

　Ⅰ．①贝… Ⅱ．①安… Ⅲ．①河西走廊－文化史
Ⅳ．①K924.2

　　中国版本图书馆CIP数据核字（2015）第237731号

出　版　人：吉西平
责任编辑：张　菁
美术编辑：马吉庆

贝影寻踪

安　琪　著

甘肃人民出版社出版发行
（730030　兰州市读者大道 568 号）
甘肃新华印刷厂印刷
开本787毫米×1092毫米　1／16　印张10.5　插页2　字数135千
2015年10月第1版　　2015年10月第1次印刷
印数：1~3 000

ISBN 978-7-226-04853-5　　定价：35.00元

华夏文明之源

《华夏文明之源·历史文化丛书》
编　委　会

总　序

　　华夏文明是世界上最古老的文明之一。甘肃作为华夏文明和中华民族的重要发祥地，不仅是中华民族重要的文化资源宝库，而且参与谱写了华夏文明辉煌灿烂的篇章，为华夏文明的形成和发展做出了重要贡献。甘肃长廊作为古代西北丝绸之路的枢纽地，历史上一直是农耕文明与草原文明交汇的锋面和前沿地带，是民族大迁徙、大融合的历史舞台，不仅如此，这里还是世界古代四大文明的交汇、融合之地。正如季羡林先生所言：“世界上历史悠久、地域广阔、自成体系、影响深远的文化体系只有四个：中国、印度、希腊、伊斯兰，再没有第五个；而这四个文化体系汇流的地方只有一个，就是中国的敦煌和新疆地区，再没有第二个。”因此，甘肃不仅是中外文化交流的重要通道、华夏的“民族走廊”（费孝通）和中华民族重要的文化资源宝库，而且是我国重要的生态安全屏障、国防安全的重要战略通道。

　　自古就有“羲里”、“娲乡”之称的甘肃，是相

1

传中的人文始祖伏羲、女娲的诞生地。距今 8000 年的大地湾文化，拥有 6 项中国考古之最：中国最早的旱作农业标本、中国最早的彩陶、中国文字最早的雏形、中国最早的宫殿式建筑、中国最早的"混凝土"地面、中国最早的绘画，被称为"黄土高原上的文化奇迹"。兴盛于距今 4000—5000 年之间的马家窑彩陶文化，以其出土数量最多、造型最为独特、色彩绚丽、纹饰精美，代表了中国彩陶艺术的最高成就，达到了世界彩陶艺术的巅峰。马家窑文化林家遗址出土的青铜刀，被誉为"中华第一刀"，将我国使用青铜器的时间提早到距今 5000 年。从马家窑文化到齐家文化，甘肃成为中国最早从事冶金生产的重要地区之一。不仅如此，大地湾文化遗址和马家窑文化遗址的考古还证明了甘肃是中国旱作农业的重要起源地，是中亚、西亚农业文明的交流和扩散区。"西北多民族共同融合和发展的历史可以追溯到甘肃的史前时期"，甘肃齐家文化、辛店文化、寺洼文化、四坝文化、沙井文化等，是"氐族、西戎等西部族群的文化遗存，农耕文化和游牧文化在此交融互动，形成了多族群文化汇聚融合的格局，为华夏文明不断注入新鲜血液"（田澍、雍际春）。周、秦王朝的先祖在甘肃创业兴邦，最终得以问鼎中原。周先祖以农耕发迹于庆阳，创制了以农耕文化和礼乐文化为特征的周文化；秦人崛起于陇南山地，将中原农耕文化与西戎、北狄等族群文化交融，形成了农牧并举、华戎交汇为特征的早期秦文化。对此，历史学家李学勤认为，前者"奠定了中华民族的礼仪与道德传统"，后者"铸就了中国两千多年的封建政治、经济和文化格局"，两者都为华夏文明的发展产生了决定性的影响。

自汉代张骞通西域以来，横贯甘肃的"丝绸之路"成为中原联系西域和欧、亚、非的重要通道，在很长一个时期承担着华夏文明与域外文明交汇、融合的历史使命。东晋十六国时期，地处甘肃中西部的河西走廊地区曾先后有五个独立的地方政权交相更替，凉州（今武威）成为汉文化的三个中心之一，"这一时期形成的五凉文化不仅对甘肃文化产生过深刻影响，而且对南北朝文化的兴盛有着不可磨灭的功绩"（张兵），并成为隋唐制度文化的源头之一。甘肃的历史地位还充分体现在它对华夏文明存续的历史贡献上，历史学家陈寅恪在《隋唐制度渊源略论稿》中慨叹道："西晋永嘉之乱，中原魏晋以降之文化转移保存于凉州一隅，至北魏取凉州，而河西文化遂输入于魏，其后北魏孝文宣武两代所制定之典章制度遂深受其影响，故此（北）魏、（北）齐之源其中亦有河西之一支派，斯则前人所未深措意，而今日不可不详论者也。""秦凉诸州西北一隅之地，其文化上续汉、魏、西晋之学风，下开（北）魏、（北）齐、隋、唐之制度，承前启后，继绝扶衰，五百年间延绵一脉"，"实吾国文化史之一大业"。魏晋南北朝民族大融合时期,中原魏晋以降的文化转移保存于江东和河西（此处的河西指河西走廊，重点在河西，覆盖甘肃全省——引者注），后来的河西文化为北魏、北齐所接纳、吸收，遂成为隋唐文化的重要来源。因此，在华夏文明曾出现断裂的危机之时，河西文化上承秦汉下启隋唐，使华夏文明得以延续，实为中华文化传承的重要链条。隋唐时期，武威、张掖、敦煌成为经济文化高度繁荣的国际化都市，中西方文明交汇达到顶峰。自宋代以降，海上丝绸之路兴起，全国经济重心遂向东、向南转移，西北丝绸之路逐渐走过了它的繁盛期。

"丝绸之路三千里，华夏文明八千年。"这是甘肃历史悠久、文化厚重的生动写照，也是对甘肃历史文化地位和特色的最好诠释。作为华夏文明的重要发祥地，这里的历史文化累积深厚，和政古动物化石群和永靖恐龙足印群堪称世界瑰宝，还有距今8000年的大地湾文化、世界艺术宝库——敦煌莫高窟、被誉为"东方雕塑馆"的天水麦积山石窟、藏传佛教格鲁派六大宗主寺之一的拉卜楞寺、"天下第一雄关"嘉峪关、"道教名山"崆峒山以及西藏归属中央政府直接管理历史见证的武威白塔寺、中国旅游标志——武威出土的铜奔马、中国邮政标志——嘉峪关出土的"驿使"等等。这里的民族民俗文化绚烂多彩，红色文化星罗棋布，是国家 12 个重点红色旅游省区之一。现代文化闪耀夺目，《读者》杂志被誉为"中国人的心灵读本"，舞剧《丝路花雨》《大梦敦煌》成为中华民族舞剧的"双子星座"。中华民族的母亲河——黄河在甘肃境内蜿蜒 900 多公里，孕育了以农耕和民俗文化为核心的黄河文化。甘肃的历史遗产、经典文化、民族民俗文化、旅游观光文化等四类文化资源丰度排名全国第五位，堪称中华民族文化瑰宝。总之，在甘肃这片古老神奇的土地上，孕育形成的始祖文化、黄河文化、丝绸之路文化、敦煌文化、民族文化和红色文化等，以其文化上的混融性、多元性、包容性、渗透性，承载着华夏文明的博大精髓，融汇着古今中外多种文化元素的丰富内涵，成为中华民族宝贵的文化传承和精神财富。

甘肃历史的辉煌和文化积淀之深厚是毋庸置疑的，但同时也要看到，甘肃仍然是一个地处内陆的西部欠发达省份。如何肩负丝绸之路经济带建设的国家战略、担当好向西开放前沿的国家使命？如何充分利用国家批复的甘肃省建设华夏文明传承创新区这一文化发展战略平台，推动甘肃文化的大发展大繁荣和经济社会的转型发展，成为甘肃面临的新的挑战和机遇。目前，甘肃已经将建设丝绸之路经济带"黄金段"与建设华夏文明传承创新区统筹布局，作为探索经济欠发达但文化资源富集地区的发展新路。如何通过华夏文明传承创新区的建设使华夏的优秀文化传统在现代语境中得以激活，成为融入现代化进程的"活的文化"，甘肃省委书记王三运指出，华夏文明的传承保护与创新，实际上是我国在走向现代化过程中如何对待传统文化的问题。华夏文明传承创新区的建设能够缓冲迅猛的社会转型对于传统文化的冲击，使传统文化在保护区内完成传承、发展和对现代化的适应，最终让传统文化成为中国现代化进程中的"活的文化"。因此，华夏文明传承创新区的建设原则应该是文化与生活、传统与现代的深度融合，是传承与创新、保护与利用的有机统一。要激发各族群众的文化主体性和文化创造热情，抓住激活文化精神内涵这个关键，真正把传承与创新、保护与发展体现在整个华夏文明的挖掘、整理、传承、展示和发展的全过程，实现文化、生态、经济、社会、政治等统筹兼顾、协调发展。华夏文化是由我国各族人民创造的"一体多元"的文化，形式是多样的，文化发展的谱系是多样的，文化的表现形式也是多样的，因此，要在理论上深入研究华夏文化与现代文化、与各民族文化之间的关系以及华夏文化现代化的自身逻辑，让各族文化在符合自身逻辑的基础上实现现代化。要高度重视生态环境保护和文化生态保护的问题，在华夏文明传承创新区中设立文化生态保护区，实现文化传承保护的生态化，避免文化发展的"异化"和过度开发。坚决反对文化保护上的两种极端倾向：为了保护而保护的"文化保护主义"和一味追求经济利益、忽视文化价值实现的"文化经济主义"。在文化的传承创新中要清醒地认识到，华夏传统文化具有不同层次、形式各样的价值，建立华夏文明传承创新区不是在中华民族现代化的洪流中开辟一个"文化孤岛"，而是通过传承创新的方式争取文化发展的有利条件，使华夏文化能够在自身特性的基础上，按照自身的文化发展逻辑实现现代化。要以社会主义核心价值体系来总摄、整合和发展华夏文化的内涵及其价值观念，使华夏的优秀文化传统在现代语境中得到激活，尤其是文化精神内涵得到激活。这是对华夏文明传承创新的理性、科学的文化认知与文化发展观，这是历史意识、未来眼光和对现实方位准确把握的充分彰显。我们相信，立足传承文明、创新发展的新起点，随着建设丝绸之路经济带国家战略的推进，甘肃一定会成为丝绸之路经济带的"黄金段"，再次肩负起中国向西开放前沿的国家使命，为中华文明的传承、创新与传播谱写新的壮美篇章。

正是在这样的历史背景下，读者出版传媒股份有限公司策划出版了这套《华夏文明之源·历史文化丛书》。"丛书"以全新的文化视角和全球化的文化视野，深入把握甘肃与华夏文明史密切相关的历史脉络，充分挖掘甘肃历史进程中与华夏文明史有密切关联的亮点、节点，以此探寻文化发展的脉络、民族交融的驳杂色彩、宗教文化流布的轨迹、历史演进的关联，多视角呈现甘肃作为华夏文明之源的文化独特性和杂糅性，生动展示绚丽甘肃作为华夏文明之源的深厚历史文化积淀和异彩纷呈的文化图景，形象地书写甘肃在华夏文明史上的历史地位和突出贡献，将一个多元、开放、包容、神奇的甘肃呈现给世人。

按照甘肃历史文化的特质和演进规律以及与华夏文明史之间的关联，"丛书"规划了"陇文化的历史面孔、民族与宗教、河西故事、敦煌文化、丝绸之路、石窟艺术、考古发现、非物质文化遗产、河陇人物、陇右风情、自然物语、红色文化、现代文明"等13个板块，以展示和传播甘肃丰富多彩、积淀深厚的优秀文化。"丛书"将以陇右创世神话与古史传说开篇，让读者追寻先周文化和秦早期文明的遗迹，纵览史不绝书的五凉文化，云游神秘的河陇西夏文化，在历史的记忆中描绘华夏文明之源的全景。随"凿空"西域第一人张骞，开启"丝绸之路"文明，踏入梦想的边疆，流连于丝路上的佛光塔影、古道西风，感受奔驰的马蹄声，与行进在丝绸古道上的商旅、使团、贬谪的官员、移民擦肩而过。走进"敦煌文化"的历史画卷，随着飞天花雨下的佛陀微笑在沙漠绿洲起舞，在佛光照耀下的三危山，一起进行千佛洞的千年营建，一同解开藏经洞封闭的千年之谜。打捞"河西故事"的碎片，明月边关的诗歌情怀让人沉醉，遥望远去的塞上烽烟，点染公主和亲中那历史深处的一抹胭脂红，更觉岁月沧桑。在"考古发现"系列里，竹简的惊世表情、黑水国遗址、长城烽燧和地下画廊，历史的密码让心灵震撼；寻迹石上，在碑刻摩崖、彩陶艺术、青铜艺术面前流连忘返。走进莫高窟、马蹄寺石窟、天梯山石窟、麦积山石窟、炳灵寺石窟、北石窟寺、南石窟寺，沿着中国的"石窟艺术"长廊，发现和感知石窟艺术的独特魅力。从天境——祁连山走入"自然物语"系列，感受大地的呼吸——沙的世界、丹霞地貌、七一冰川，阅读湿地生态笔记，倾听水的故事。要品味"陇右风情"和"非物质文化遗产"的神奇，必须一路乘坐羊皮筏子，观看黄河水车与河道桥梁，品尝牛肉面的兰州味道，然后再去神秘的西部古城探幽，欣赏古朴的陇右民居和绮丽的服饰艺术；另一路则要去仔细聆听来自民间的秘密，探寻多彩风情的民俗、流光溢彩的民间美术、妙手巧工的传统技艺、箫管曲长的传统音乐、霓裳羽衣的传统舞蹈。最后的乐章属于现代，在"红色文化"里，回望南梁政权、哈达铺与榜罗镇、三军会师、西路军血战河西的历史，再一次感受解放区妇女封芝琴（刘巧儿原型）争取婚姻自由的传奇；"现代文明"系列记录了共和国长子——中国石化工业的成长记忆、中国人的航天梦、中国重离子之光、镍都传奇以及从书院学堂到现代教育，还有中国舞剧的"双子星座"。总之，"丛书"沿着华夏文明的历史长河，探究华夏文明演变的轨迹，力图实现细节透视和历史全貌展示的完美结合。

读者出版传媒股份有限公司以积累多年的文化和出版资源为基础，集省内外文化精英之力量，立足学术背景，采用叙述体的写作风格和讲故事的书写方式，力求使"丛书"做到历史真实、叙述生动、图文并茂，融学术性、故事性、趣味性、可读性为一体，真正成为一套书写"华夏文明之源"暨甘肃历史文化的精品人文读本。同时，为保证图书内容的准确性和严谨性，编委会邀请了甘肃省丝绸之路与华夏文明传承发展协同创新中心、兰州大学以及敦煌研究院等多家单位的专家和学者参与审稿，以确保图书的学术质量。

《华夏文明之源·历史文化丛书》编委会

2014 年 8 月

在"中国玉石之路与齐家文化研讨会"暨"玉帛之路文化考察活动"启动仪式上的讲话

　　今天的会议是我到甘肃工作以后参加的最有特色的会议，很高兴能有这次机会与各位学者进行交流。刚才听到了各位专家学者发言，很受启发。借此机会，我表达几点想法。

　　一、丝绸之路经济带的建设需要更深厚的学术研究作理论支撑。

　　从文化的角度讲丝绸之路，一般会从佛教说起，即所谓"西佛东渐"。佛教文化影响了从东到西早期的一些王朝，包括北魏等少数民族以及后来的大唐王朝等。佛教文化千姿百态，其核心文化内涵仍然是"和"，"放下屠刀，立地成佛"就是这个含义。

　　今天会议主题中的玉文化也有一个传承的过程。叶舒宪老师的文章中提到，历史上更早、或比佛教文化还早的是西玉东输，此后是西佛东渐。西玉东输到内地这个过程，物质化的是玉，精神化了的是文化，文化的内核仍然是"和"。正所谓"化干戈为玉帛"。因此，丝绸之路的文化精神，概括为一个字，就是"和"。这是自古以来就有的文化，又是一

9

个到目前为止仍然活态传承着的文化，这一点非常不容易。当然，它与其他事物发展规律是一样的。比如敦煌，经过嬗变，其活态传承到了洛阳、内地，有的在唐蕃古道形成后，与藏传佛教又有融合，藏传佛教现在也是活态的。西玉东输的过程也是如此，现在真正活态着、物化着的玉的文化表达多数不在产地，这些地方现在已经成为被封存的文化遗产。目前，我们需要解决的问题是，要以考古学为基础，在学术上把这些离我们很远的，已经"碎片化"、"隐形化"、"基因化"的文化源头用现代科技手段和研究方法重新挖掘出来，使得历史和现在能够一脉相承地衔接下来，并表达清楚，这是我们需要做的工作。华夏文明保护传承创新区建设以来，我们侧重于包括佛教文化在内的其他早期文化的挖掘、整理、研究，概括起来就是两个字——传承。甘肃是华夏文明发祥地之一，如果我们再不搞这些基因化的东西，它们可能就会离我们越发久远，再过几代也许会失传。可喜的是，今天由《丝绸之路》杂志社、西北师范大学组织承办玉文化研讨会，汇聚了叶舒宪、赵逵夫、叶茂林等一批专家，专题研究玉石之路和齐家文化（也以玉为核心）。这是一件很有眼光的事。也许今天参与研究的人数不多，但可能会载入史册。

二、把玉文化作为重要课题，填补华夏文明传承创新区内容建设的空白。

现在，提到马家窑文化却跳开齐家玉文化，这是有问题的。马家窑可以上溯到4000~5000年，大地湾彩陶可以上溯到8000年左右，但在此过程中，范围更大的、对文化研究影响更久远的，在中国的文化内核中所坚守的最核心的文化价值在"玉"，而不在"陶"。如果丢了"玉"，就把灵魂性的东西遗失了。在此之前，这一部分研究有所忽略、重视不够。本次会议和考察活动弥补了这个缺憾，强化了这个课题的研究，让华夏文明传承创新区的内容建设、理论研究、学术探讨更加丰富多彩，更加全面。所以，我们对大家寄予厚望。

三、要按照活动设计，把理论研究、考古发掘、实地考察结合起来，通过现场走访、田野调查，将存在争议的话题搞得更清楚，更成体系。

在甘肃做学问，可能最大的优势就是有现场。坐在深宅大院里、高楼大厦里，好多问题是解决不了的。光靠读书只能够解决一些知识、信息或者提示性的问题，做玉文化的学问就应该到现场去。本次活动就开了一个好头。要协调各地，解决好专家的考察保障问题，提供条件，提供方便，把当地和玉文化相关的资料、信息、素材开放性地提供给专家们，让他们对当地文化、历史情况有更多的了解。建议多留存一些考察资料，如果可能，做一档玉文化电视栏目，除了传播知识，还可以挖掘其社会意义。社会主义核心价值观第一句话中就有文明和谐，玉文化在某种程度上就契合了文明和谐。

此外，玉文化研究要形成气候，一定要有相对稳定的学术团队，确保研究工作的专业性和连续性。我们省可以考虑成立玉文化研究的专门学术机构，定期举办学术活动，长期坚持下去，使之制度化、常态化。我建议你们把玉文化研究基地放在甘肃。

预祝这次活动圆满成功，谢谢大家。

连　辑

2014 年 5 月

"玉帛之路文化考察活动"组委会

顾　　问：连　辑　郑欣淼　刘　基　田　澍　梁和平
组委会主任：叶舒宪
委　　员：叶舒宪　易　华　吕　献　冯玉雷　刘学堂
　　　　　徐永盛　张振宇　安　琪　孙海芳　赵晓红
　　　　　杨文远　刘　樱　瞿　萍

"玉帛之路文化考察活动"作品集

主　编：冯玉雷
副主编：赵晓红

目　录：

1. 玉石之路踏查记　　　叶舒宪　著
2. 齐家华夏说　　　　　易　华　著
3. 玉华帛彩　　　　　　冯玉雷　著
4. 青铜长歌　　　　　　刘学堂　著
5. 贝影寻踪　　　　　　安　琪　著
6. 玉之格　　　　　　　徐永盛　著
7. 玉道行思　　　　　　孙海芳　著

野马泉
玉門關
阿克塞
敦煌
瓜州
嘉峪關
玉門
蕭南
高臺
張掖
山丹
民勤
民樂
祁連縣
武威
門源縣
德令哈
大通縣
永靖
青海湖
蘭州
西寧
臨夏
定西
廣河
臨洮

"玉帛之路文化考察活动"路线图

————————— 计划路线

················· 实际返程路线

目
录
Contents

001　缘何衣冠效胡儿

023　鸠摩罗什:术道间的彷徨

037　奉戎神与事胡天:一场没有硝烟的战争

047　河西安氏漫议

058　劈面胡俗今何在

070　贝影寻踪

089　有翼兽与斯基泰艺术

103　去边疆:西北舆地二百年

125　华胄从来昆仑巅

134　寻玉记

缘何衣冠效胡儿

穿衣戴帽，虽不及"祀与戎"那样，是悠悠苍天唯此为大的事，却也多少关乎国格与风貌。衣冠为一代昭度，朝代更迭往往伴随着自上而下的"改正朔、易服饰"，而在一朝之中变革祖宗传下来的服制，则将面临为天下议的危险。《周礼》、《礼记》、《续汉书·舆服志》、两唐书的《舆服志》都有对衣冠的复杂规范。在历朝历代的官僚体系中，衣冠等级直接对应于官品，标明了某人身处官僚机构的某个细微的位置，在填写个人的职衔时，都必须加以申明，举例来说，编撰《三礼图》的聂崇义，他的官衔就必须啰啰嗦嗦地写成"通议大夫国子司业兼太常博

身穿宽衣博袍，头戴薄纱高冠的男子御龙升天帛画(长沙子弹库楚墓出土)

士柱国赐紫金鱼袋臣聂崇义",特别要强调他是"赐紫",也就是说他的紫服是受朝廷直接颁赐而不是"借服",意味着一种特殊化待遇。

自西周以来,中原王朝的官方礼服为深衣,其形制为衣裳连属,在腰部缝合为一体。《礼记》孔颖达正义云:"深衣,衣裳相连,被体深邃,故谓深衣。"直至汉魏六朝时期,华夏贵族男性的标准着装依旧是宽衣大袖,高冠博带,长袍及地,细微的变化仅体现在下摆的长短,是否开衩,曲裾还是直裾,袖口大小上面。

战国彩绘女俑,身着绣云纹、锦沿曲裾衣衫(长沙仰天湖楚墓出土)｜

与这种飘逸宽大又不便于行动的深衣比起来,胡服要紧窄利索得多。说到胡服,就不能不提到"胡服骑射"的典故,更不能不提到那位大名鼎鼎的赵武灵王(公元前325—公元前299)。据《战国策》卷19《赵策二·武录王平昼闲居》的记载,深受东胡威胁的武灵王有一天对近侍肥义谈到他"将胡服骑射以教百姓"的打算,也预料到这样激烈的举措必然会成为朝中大臣议论的话题。果然,此策一出,朝臣沸腾,主流意见是认为一国之君绝对不能带头去穿"蛮夷之行"的衣服。反对者中，又数公子成最为激动。

> 臣固闻王之胡服也，不佞寝疾，不能趋走，是以不先进。
> 王今命之，臣固敢竭其愚忠。臣闻之，中国者，聪明睿知之所
> 居也，万物财用之所聚也，贤圣之所教也，仁义之所施也，诗
> 书礼乐之所用也，异敏技艺之所试也，远方之所观赴也，蛮夷
> 之所义行也。今王释此而袭远方之服，变古之教，易古之道，
> 逆人之心，畔学者，离中国，臣愿大王图之。

穿胡服是不是就一定等于舍仁义而就蛮夷，这倒不是赵武灵王关心
的重点。他有着更为实际的考虑——就像法令制度一样，衣服器械当然
是为了各便其用，各顺其宜，既没有那么多花哨的象征意义，也不必以
"古法"为由拒绝变通。

> 夫服者，所以便用也；礼者，所以便事也……被发文身，
> 错臂左衽，瓯越之民也。黑齿雕题，鳀冠秫缝，大吴之国也，
> 礼服不同，其便一也……先时中山负齐之强兵，侵掠吾地，系
> 累吾民，引水围鄗，非社稷之神灵，即鄗几不守。先王忿之，
> 其怨未能报也。今骑射之服，近可以备上党之形，远可以报中
> 山之怨。

在肥义的支持下，赵武灵王果断下令易胡服，改兵制，习骑射，以
备燕参胡楼烦秦韩之边。胡服骑射带给赵国的，是军事上的一系列胜
利。公元前296年，赵国相继剿灭中山、林胡、楼烦和雁门，向北扩展
了上千公里的疆土。

战国错金银刺虎镜上的骑士 |

西汉车饰上的金银错射虎武士 |

在七国的战事中，大规模的骑兵作战代替了春秋以来规模较小的兵车战。相较于兵车作战，骑兵有利于速战速决，《荀子·议兵》说马背上的楚人"轻利僄速，卒如飘风"；《战国策·齐策一》说齐军"疾如锥矢，战如雷电，解如风雨"。赵武灵王采用的胡服，就是便于骑马射箭的窄袖短衣与合裆长裤，并配以流行于西域的鹖尾簸箕形冠帽，即"赵惠文冠"、鞋履和络带师比（师比即带钩）。左图所见洛阳金村古墓出土的错金银刺虎镜上，铸刻着一位头戴鹖尾冠、身披练甲、手执短剑的骑士，是战国时期胡骑的写照。又有西汉车饰上的金银错射虎武士也是作此番打扮。这位虎贲骑士头戴武冠，身穿窄袖束腰服与齐膝锦裤，回身弯弓射虎，骁勇之姿历历可见。

当时中原汉人的鞋履普遍以丝帛为鞋面，以麻缕为鞋底，短帮，虽轻便却不便于涉草履水；胡人鞋履则是皮制的高筒靴，称为"络提"。《隋书·礼志》称"履则诸服皆用，惟褶服以靴。靴，胡履也，取便于事，施于戎服"。秦始皇统一中国后，也部分地继承了赵国服饰的遗产，所用的高山冠、术士冠和黑色武士裤，都直接受到战国胡服的影响，正如《续汉书·舆服志》所说："赵武灵王效胡服，以金珰饰首，前插貂尾，为贵职。秦灭赵，以其君冠赐近臣。"《南史》在描述西域诸族（高昌、滑、嚈哒、武兴、揭盘陀）的衣着时，常提到"小袖长袍，小口裤"，例如"高昌……著长身小袖袍，缦裆裤"；"滑国……人皆善骑射，著小袖长身袍"；"嚈哒……辫发，衣锦，小袖袍、小口裤、深雍鞾"。

| 身着"袴褶服"的北朝陶俑（河北景县封氏墓出土）

魏晋南北朝时期，西域"袴褶服"十分流行，北朝甚至以胡服定为常服，南朝因是汉族政权，仍以"袴褶服"为戎服。《晋书·舆服志》对于袴褶的记载是"近世凡车驾亲戎、中外戒严服之。服无定色，冠黑帽，缀紫摽，摽以缯为之，长四寸，广一寸，腰有络带以代鞶"；《罪唯录·冠服志》："历朝袴褶，戎服也，袖短，或无袖而衣中断，下有横褶，又下有竖褶。若袖长，则为曳撒，或腰中间断，以一线道横之。" 总结起来，这种"袴褶服"是北方部族为了便于乘骑作战而发明的，其基本式样是上身为衫或袄，袖子长可及膝，下身在膝盖部位加缚大小口裤，于

上身衫子内（或外）加罩两裆。自北齐以后，中国人的衣服基本上就都是以胡服式样为基础的，标准特征是沈括在《梦溪笔谈》中归纳的"窄袖绯绿短衣，长鞘靴，有鞢带"。

　　将胡服引入中原的，除了战场上的敌人，还有商场上的朋友。据《汉书·西域传》，早在西汉成帝年间（公元前 32 年—公元前 7 年），粟特人的商队就已经在中亚撒马尔干（Samarkand）至长安的丝绸之路上从事商贸往来。

唐代彩绘胡商陶俑（1952 年洛阳市出土）｜　　　　　　唐代彩绘胡服女俑 ｜

　　初唐时期，对胡服的追捧更是热烈，《新唐书·五行志》称："天宝初，贵族及士民好为胡服胡帽。"这时形成了半胡半华的"缺骻袍"、"四褛衫"，上至帝王，下至厮役，都以圆领长袍加幞头长靴的"常服"

为美。有意思的是，开元天宝年间，长安的上层社会中出现一股女着男装的风尚，贵族仕女纷纷以北齐以来的男式胡服为顶级时髦。陕西省咸阳市杨谏臣墓出土的唐代彩绘胡服女俑就是这样打扮的，她头戴浑脱金锦帽，身穿紧身翻领小袖及膝衫，领袖间用锦绣缘饰，钿镂带，腰佩蹀躞带，足登锦靴。

西安北郊大明宫乡出土的北周安伽墓的围屏石榻上，也出现了这种身穿胡服的女扮男装者。这种华丽而富于视觉冲击效果的着装风格，频繁地出现在唐人吟咏西域胡旋舞和柘枝舞的诗中，如白居易诗"绣帽珠稠缀，香衫袖窄裁"；刘禹锡诗"胡服何葳蕤，仙仙登绮墀……垂带覆纤腰，安钿当妩眉"；许浑诗"红珠络绣帽，翠钿束罗襟"；刘言史诗"织成番帽虚顶尖，细氎胡衫双袖小"；张祜诗"舞停歌罢鼓连催，软骨仙娥暂起来。红罨画衫缠腕出，碧排方胯背腰来"。读来真是香艳无比。

胡服虽然流行，但它毕竟还算不得正大堂皇的衣冠，在正史中的地位也并不高。放弃中原衣冠，改用异族服饰，变"缓服"为"急装"，有时的确是情势所逼的不得已之举，这意味着举国进入一种战争的非常规状态。然而这种改装最多只能算是一时的应急措施，要是在国家承平的年代还以胡服为尚，那就是荒唐胡闹了。《续汉书·五行志》称汉灵帝"好胡服、胡帐、胡床、胡坐、胡饭、胡空侯、胡笛、胡舞，京都贵戚皆竞为之，此服妖也。其后董卓多拥胡兵，填塞街衢，掳掠宫掖，发掘园陵"。又如《宋书·后废帝纪》的作者批评废帝刘昱（473年—476年）"常著小袴褶，未尝服衣冠"；《南史·东昏侯纪》则云齐国的东昏侯"戎服急装缚袴，上着绛纱，以为常服"。昏君们不好好守住祖传的衣冠传统，却喜欢标榜另类，动不动就穿上"急装"，这种"服妖"现象被认为是胡夷异种凌虐中原文明的前兆。

在偏安政权的时代，衣冠大事更是容易牵动当权者的神经。在宋代，中原王朝自始至终都处于北方胡族的威胁之下，对于草原文明的突进，赵宋王朝有着相当高的警惕。宋高宗绍兴八年，秦桧主张与金人议和，遭到了枢密院编修胡铨的反对，理由之一便是华夏之人不能蒙受"左衽"的羞辱。

> 陛下一屈膝，则祖宗庙社之灵，尽污夷狄；祖宗数百年之赤子，尽为左衽；朝廷宰执，尽为陪臣；天下士大夫皆当裂冠毁冕，变为胡服。

在程朱理学的话语体系里，衣冠服制构成了"攘夷论"的基石，朱熹就曾痛心疾首地说："今世之服，大抵皆胡服"，甚至连皇帝也要挨朱圣人的骂："今上领衫与靴皆胡服。"（朱熹《朱子语类》卷91）在他看来，恢复儒家道统可谓难而又难，衣裳都还没能复古，遑论辨明华夷？

草原民族入主中原承继大统，也免不了在穿衣戴帽的问题上纠结一番。到底是改穿汉家衣冠呢，还是坚持本部旧俗？后金崇德元年（1636年）十一月癸丑，皇太极在翔凤楼召集诸王、贝勒等人，命弘文院大臣读金世宗史，并借题发挥，顺便教育一下座中诸人，决不能"废骑射以效汉人俗"。

> 先时儒臣巴克什·达海·库尔缠屡劝朕改满洲衣冠，效汉人服饰制度，见朕不从，辄以为朕不纳谏，朕试为比喻，如我等于此，聚集宽衣大袖，左佩矢，右挟弓，忽遇硕翁科罗巴图鲁·劳萨挺身突入，我等能御之乎？若废骑射，宽衣大袖，待他人割肉而后食，与尚左手之人何以异耶？朕发此言，实为子

孙万世之计也，在朕身岂有变更之理，恐后世子孙忘旧制，废骑射以效汉人俗，故常切此虑耳。

在皇太极的年代，满洲人对于汉化的问题，还是保持着相当高的敏感度的。满洲服制与女真人的骑射传统紧密相关，一旦被汉家衣冠所代表的汉文化所腐蚀，恐怕就有亡国的危险。崇德三年（1638年），皇太极又明令规定汉人官民男女"穿戴要全照满洲式样……有效他国衣冠、束发、裹足者，重治其罪"。

乾隆五十五年（1790年）三月，安南国王阮光平千里迢迢率团赶来承德避暑山庄，参加乾隆的八十寿庆。据说阮光平因为"钦慕中华黼黻"，在动身之前，专门派人在湖北汉口购买祝寿时要穿的蟒袍。乾隆听说此事，自然是龙心大悦："自系该国王心慕华风，有到热河后，随众更换中国衣冠，并表其恭敬之意"，后来突然想到，阮光平在汉口买的所谓"蟒袍"很可能是民间流通的汉装，甚至可能是舞台上的戏服，祝寿那天要是穿成这样，可该怎么办？便急忙下旨，痛斥负责安南事务的福康安办事糊涂："试思汉制衣冠，并非本朝制度，只可称为圆领，何得谓之蟒袍，更何得谓之中华黼黻乎？"汉人穿满人衣服，满人穿汉人衣服，都是获罪的由头，甚至随便发发议论也会招来祸事。也是在乾隆年间，江西巡抚刘震宇著《佐理万世治平新策》一书，抒发了一番"更易衣服制度"的观点，乾隆以其妄议清朝冠服制度为由，论罪大逆不道，处之以极刑。

清初几代君主在宗室和满洲八旗的范围内紧紧抓住骑射传统，生怕丢掉了女真人的尚武作风。纠结的不只是帝王，在明清易代之际，江南的汉族文化精英也在穿什么衣服的问题上苦苦挣扎。著名的"画网巾先生"就是一例。这位遗老的姓名爵里都无考，清军攻占福建后，他与两

网巾 |

头戴网巾薅地的明代农夫 |

个仆人藏匿于山林之中，坚持前朝穿戴。遭官府抓捕后，他被强行卸除网巾，他却认为网巾是明太祖旧制，不可亵渎。"盥栉毕，谓二仆曰：'衣冠者，历代各有定制，至网巾则我太祖高皇帝创为之也。今吾遭国破即死，讵可忘祖制乎？汝曹取笔墨来，为我画网巾额上。'"临死之前，地方官员追问其姓名，他回答："吾忠未能报国，留姓名则辱国；智未能保家，留姓名则辱家；危不即致身，留姓名则辱身。军中呼我为画网巾，即以此为吾姓名可矣。"

网巾原本只是一种束发的网罩，以马尾、黑绳和棕丝编织而成，用来固定朝服或官服纱笼帽下容易散乱的头发。明清易代之际，这种普普通通的束发网罩却成了汉人文化和文明的象征，在清初铲除南明余党的行动中，网巾与令牌、刀枪等一同被视为谋逆的证物。面对满洲人强行推行的"薙发令"和"易服令"，一味拼死抵抗会招致杀身之祸，改头换面则是有负于祖宗教化。如何在保全性命的同时，又不愧对良心，晚明的士林阶层找到了一个折中之策。他们认为，穿戴佛门的袈裟，可以起到在身体姿态上蔑视异族统治者的效果，既是对"薙发令"的无声抗议，也是对文化优越性的巧妙伪装。于是"托隐逃禅"成为一时风气，明代遗民多以此来表现抗节励志的政治姿态，吕留良、屈大均等都曾放弃诸生身份而遁迹佛门，身着缁衣，在山林间游荡往来。

在清末民初的知识界，赵武灵王突然成了一个极为热门的历史人物。他为求强国而主动"胡化"，变更服饰、倡导骑射，这与晚清的变法维新和"西学为用"的时代潮流正好遥相呼应。在光绪十六年（1890年）的《救时要义》中，陈虬就以赵武灵王为例，指出变更前朝服装意味着一种在困境中的自强求新。

> 何谓更服制？赵武灵王之改胡服，本朝之不守明制，皆深得自强之道。盖褒衣博带，甚不便于操作，且隐消其精悍之气。故便服一切，宜用西制，施以等级。

光绪十八年四月（1892年），浙江宋存礼上书李鸿章，呈《卑议》四篇，倡言变法，并指出"变服"是"变法"的先导。

> 三始（更官制、设议院、改试令）之前，尚有一始，则曰：欲更官制、设议院、改试令必自易西服始……昔者赵武灵王患国之不武，令易胡服，以习骑射，而赵兵之强，遂冠三晋，卒能北却匈奴、西抗暴秦……近者东方之君，患国之因循，令易西服，以习新学，而千年积重，一旦顿移，卒能扬声于西，称雄于东。此皆易服之明效大验也。

诚然，变法要以变服为首要，但举国改换服装，还有另一重深意在其中。宽衣博带的服装在帝国晚期已经成为国家积贫积弱的一个缩影，不废除则不能实现强国的梦想。当时知识界有一种看法，认为儒学的过度发展一方面创造出了日渐精致化的汉文化，但同时另一方面也造成了"国民的柔弱、知识的浅陋、感情的淡薄、志气的卑怯"。在经历了四次对外战争、五次国内动乱以及随之而来的一系列强加条约之后，"同治中兴"以来中国知识界普遍抱有的天朝幻象，逐渐被挫败感和焦虑感所取代，正如蒋智由在 1904 年为梁启超《中国武士道》作的序言中所说的：

> 自世益文明，用力之事寡，体力遂日益柔薄。此可为文明时代一大忧患之事……惟我中国，自秦汉以来，日流文弱，簪缨之族，占毕之士，或至终身袖手雍容，无一出力之时。以此遗传，成为天性，非特其体骨柔弱也，其志气亦脆薄而不武，萎靡而不刚。今日为异族所凭陵，遂至无力抵抗之力，不能自振起，而处于劣败之列。

梁启超在哀叹中国文化"不武"的同时，也指出，中国文化虽说"以文弱闻于天下"，但也同样蕴藏着与日本武士道精神相类似的任侠之风，他呼吁发扬中国内生的尚武精神，使国家立于"天演之界"。他不惮辛苦地罗列了自黄帝开国以来至今的"武德"，认为中国民族之武是"最初之天性"，而后来的文质彬彬是由时势和人力共同铸就的第二天性。中国之武士道与霸国政治相始终，成型于春秋，极盛于战国，汉景帝定七国之乱，一匡天下，武德到此遂成强弩之末。后世即便有汉武帝、唐明皇之流的枭桀之主，也难抵儒学所造就的"一人刚而万夫柔"的大势。

在清末民初，另一位古代君王也频频被拿来与赵武灵王作对比。西晋八王之乱后，北魏孝文帝迁都洛阳，因追慕中国之先圣，仿南朝制度实行汉化，以求消除鲜卑风习，这一系列举措中包括禁胡语、废胡服。1907 年宏文馆出版的《中国历史讲义》，就对孝文帝改革持一种负面的评价：

> 孝文仁孝好学。冯太后死，帝亲政。兴礼乐，定制度，后魏文物，始有可观。帝恶其国俗鄙陋，乃迁都洛阳，改国姓为元氏，禁胡语胡服，使宗室与中国各族结婚。自是华奢柔弱之风渐行，而国势之衰兆已见。

赵武灵王胡服骑射，使得国家强大，疆土扩张；魏孝文帝废胡服而宗汉制，遂使国家走向式微。这种看法在辛亥革命前的中国流行甚广，"胡服"的因素显然是作为一种正面价值被提及的。

例如梁启超就曾在赵武灵王胡服骑射的往事中找到了排满与建国的灵感。

> 自黄帝以后，数中国第一雄主，其武灵王哉！其武灵王哉！中山者，春秋之鲜虞赤狄最大部落也……为中国病者已三千年……林胡楼烦者，此后之匈奴也，为中国患者亦千余岁，而武灵王预摧其胧而伐其孽也。孔子曰：微管仲，吾其披发左衽。吾以为靡赵武灵王，则五胡之祸，竟见于战国之际，未可知也。故武灵王实则我族之大功臣也。举朝实行胡服，得地改为骑邑，其所以振厉尚武精神者至矣。

以梁启超的《中国武士道》为代表，清季民初的中国知识界重新发现了传统文化中蕴藏的"武"、"力"、"勇"的元素。与此同时，西方世界正风靡一时的社会达尔文学说也成为改造儒家文化的参考标准。光绪二十四年（1898 年），康有为上《请断发易服改元》奏折，其中专门论述了中国衣冠的不合时宜。

> 且夫立国之得失，在乎治法，在乎人心，诚不在乎服制也。然以数千年一统儒缓之中国，褒衣博带，长裾雅步，而施之万国竞争之世，亦犹佩玉鸣琚，以走趋救火也，诚非所宜矣。

旧制衣冠宽博儒缓，行动不便，而且给人造成的是一种文弱迟缓的印象，不能与竞争的时代相配合。果断易服，能够令国人面目一新，开维新之机运。这就不难解释，为什么千载以上的这位赵武灵王，能够瞬间聚集如此之高的人气。当年胡服骑射的直接效果，是赵国国力大增，"北却匈奴，西抗暴秦"，保存了汉族的灭种，这自然而然成了二十世纪初那场"驱除鞑虏"运动的榜样。更重要的是，胡服骑射象征着一种"争于气力"的精神，这种精神曾经弥漫在整个战国时代，也将要成为二十世纪中国命运的主旋律。

易服的口号喊过之后，维新诸君接下来到底穿什么出门？大约他们对此也是颇费脑筋的。辛亥革命前后，社会上出现了"西装东装，汉装满装，应有尽有，庞杂至不可名状"的奇幻场景，穿衣戴帽可谓一片乱象。据《四川辛亥革命见闻录》记载，"成都兵变后，社会秩序颇为混乱……哥老会中人提倡恢复汉族衣冠，于是头扎英雄髻，身着戏装，腰佩宝剑，脚蹬花靴，招摇过市者随处可见。"钱玄同在 1913 年出任浙江省教育司司长时，身穿孔子时代的深衣，头戴巍峨入云的玄冠，施施然前来军政府报到，之后还煞有介事发表了一篇名为《深衣冠服考》的文章，推广这种古而又古的衣裳款式。时隔几年，这位雅好孔孟衣冠的大学问家，在新文化运动中一马当先，抨击"选学妖孽，桐城谬种"，表示"共和与孔经绝对不能并存"，自此之后终生改穿西装，实为可叹。

梁实秋的《衣裳》一文也忠实描摹了民国初年的穿衣难题：

> 衣裳穿得合适，煞费周章，所以内政部礼俗司虽然绘定了各种服装的式样，也并不曾推行，幸而没有推行！自从我们剪了小辫儿以来，衣裳就没有了体制，绝对自由，中西合璧的服装也不算违警，这时候若再推行"国装"，只是于错杂纷歧中更加重纷扰罢了。

易宗夔在《新世说·言语》中记录了一则晚清轶事：

> 王壬甫（按即王闿运）硕学耆年，性好诙谐。辛亥之冬，民国成立，士夫争剪发辫，改用西式衣冠。适公八十初度，贺者盈门。公仍用前清冠服，客笑问之。公曰："予之冠服，固外国式，君辈衣服，岂中国式耶？若能优孟衣冠，方为光复汉族矣。"

穿着前清冠服在民国新朝过生日，这也算是一种相当另类的不言之言了——在王闿运看来，洋装是胡服，前清冠服也是胡服，因为满人是胡，洋人也是胡嘛。如果说汉族衣冠才是"中国衣冠"，那么洋人的西装和前清的长袍马褂就自然都是外国衣裳了。

　　说来也奇怪，在几乎整个二十世纪上半叶，主宰中国男人衣橱的真还就是这两类"胡服"。鲁迅写过一篇《洋服的没落》，专门花费笔墨来探讨"长袍马褂不肯废去"的怪现象。

　　几十年来，我们常常恨着自己没有合意的衣服穿。清朝末年，带些革命色彩的英雄不但恨辫子，也恨马褂和袍子，因为这是满洲服……后来，洋服终于和华人渐渐的反目了，不但袁世凯朝，就定袍子马褂为常礼服，五四运动之后，北京大学要整饬校风，规定制服了，请学生们公议，那议决的也是：袍子和马褂！……恢复古制罢，自黄帝以致宋明的衣裳，一时实难以明白；学戏台上的装束罢，蟒袍玉带，粉底皂靴，坐了摩托车吃番菜，实在也不免有些滑稽。所以改来改去，大约总还是袍子马褂牢稳。虽然也是外国服，但恐怕是不会脱下的了——这实在有些稀奇。

　　正如赵武灵王说服群臣，要他们相信改穿"蛮夷之服"是国之大事那样，在清末民初的知识界，也有不少人费尽心思地想要在"变装"与"变法"之间建立起关联。康有为在1898年的《请断发易服改元》奏折中，阐述了"要变法，先变装"的主张。他以一种浪漫主义的风格写道，西洋人的服装不是像人们想象的那样，是与中国文化格格不入的外来货，相反，它的形制是相当合乎上古圣贤之意的。

　　夫西服未文，然衣制严肃。领袖白洁，衣长后衽，乃孔子三统之一；大冠似箕，为汉士大夫之遗，革为楚灵王之制，短衣为齐桓之服。故发尚武之风，趋尚同之俗，上法秦伯、主父、齐桓魏文之英风，外取俄彼得、日明治之变法。

章太炎更是从西装的形式引申到西装的精神，把穿衣戴帽拔高到人种改良的层面，在《论发辫缘由》（1903 年）一文中，他指出：

> 自秦汉迄明，千余有年，衣服所尚，虽间有微异，而大体相同。盖中国文明发生之国，文物衣冠，艳称世界……发辫既去，其去满洲之衣服装束必矣。则将效僧道之衣服装束乎？抑仍取剧中所演之古衣服、古装束而效法之乎？率四万万人而僧道之，不祥；而所谓古衣服、古装束者，则又宽绰腐败而不适于用。合古今中外耳变通之，其唯改易西装，以薪进于大同矣。既有西装之形式，斯不能不有所感触，进而将求西装之精神。西装之精神，在于发奋，在于雄武刚健，有独立的气象，而无奴隶之性根。既讲求西装之精神，斯不能不取法西人所谓政学、法律、工艺、商农之美法，一一举行之……万国咸尚西装，一国独为异服，则于公理上有碍，不独见恶于观瞻已也。西装严肃而发皇，满装松缓而衰懦，则于人种上有关，不独取便于身体已也。

民国肇始，新政权同以前的历代王朝一样，也面临着"改正朔、易服饰"的问题。国民政府有意将"中山装"塑造为一种象征革命与进步的符号，通过自上而下的行政命令使之普及，从而实现国家对公民身体的规训。早在 1928 年 3 月，内政部就发布通知，明令部员一律穿棉布中山装；次月，国民政府重新颁布《民国服制条例》，规定中山装为文官大礼服。1929 年 4 月，第二十二次国务会议议决《官制服礼服条例》，规定官员制服一律用中山装。就此，中山装成为法定的制服。

取缔当时社会上花样百出的奇装异服，代之以中规中矩的"国服"，这股潮流甚至波及远离政治中心的边疆地带。尽管在东部城市和沿海地区，"何为国服"还是一个有争议的话题，但在西南边疆的贵州区，"国服"却被清晰无误地定义为中山装。苗胞换装运动，是国民政府时期"开化边区、扶植边胞"的重要举措。1932 年，主政贵州的王家烈成立了专门的"改良风俗委员会"，规定"苗、瑶、侗人之衣裙一律改用汉服"，"如不改装，以奸匪论处"。1933 年，国民党第四集团军总司令部出台《剿抚办法》，也是通过自上而下的行政命令来推动服饰改革。当时施洞区长刘昌绶宣传"苗族要改穿汉装，变成汉族，才免得被歧视"，"穿苗装花钱费时，改着汉装，便于生产"。充斥着血腥与暴力的同化政策给清水江两岸的苗人留下了痛苦的回忆，在台江、施洞、革东等场镇路口，苗族妇女被强行拦下，当场剁去高髻，撕破花裙。1945 年，杨森接替吴鼎昌主政贵州，遵照内政部《倡导民间善良习俗实施办法》的指令，在省内全面开展边胞风俗调查，以期效法南京政府在东南沿海城市中开展的"新生活运动"。杨森责令苗族中的上层人物、公教人员和富家（约占"苗人"总数的 7%~8%）率先置备汉装，并颁布《改良服装图说》，改边胞服饰为汉族衣冠。

新成立的"边胞文化研究会"组织出版边疆文化丛书，印行杨森挂名主编的《贵州边胞风习写真》。此书中多处谈及苗胞教育与巩固边防的关系，有意思的是，杨森也用到赵武灵王胡服骑射的例子，来向苗胞阐明应当顺应时代潮流，放弃对改换汉装的排斥。

　　中国古代服装，素尚宽衣博带，赵武灵王时，已嫌其不便，曾一度倡改胡服，是为华人试御短装之始。惜以囿于一隅，未能普及全国，由周迄今，历朝服制，虽有因革损益，然大体均不出长袍大褂形式，清帝入关，令改服制，迄今满洲冠仪，犹未尽泯。民国十八年四月十六日，国府颁布制服条例，规定男子袍褂兼采，女子亦旗袍短衣并重，其立意似在以渐进方式，淘汰长服。抗战以还，实行全国皆兵，长服之不适用，已昭然若揭，加以世界潮流所趋，文明民族，莫不一致改着短装，我国国民相形见绌，多数同胞，亦多自觉自动，放弃袍褂。贵州山高布缺，提倡短装以期省料节费，便利劳作，实为急不可缓之举，兼之边胞服装，五光十色，划一形式，尤有必要。爰手订改良服装图说，籍作劝导全省人民改良服装准则。

在杨森看来，贵州边胞改造既以"共同进化"为目标，各项工作则需围绕"尚同"展开，务必使边胞风俗、语言、文字、服装整齐划一，消弭苗汉间隔，为边省民众灌输民族国家的观念，逐渐达到"天下为公，世界大同"之目的。服装由长变短，由多样划归统一，是世界潮流演进的必然趋势；且苗人服饰"笨重斑斓，耗布耗材"，与战时的节俭原则相乖违，不妨效法赵武灵王胡服骑射，使贵州苗民以短装的形象进入"文明民族"的行列。《贵州边胞风习写真》一书收录的男式礼服、常服均以中山装为标准，色用蓝黑，上衣下裤，样式简便，相对于拖曳垂地、花样斑斓的苗族"长衣"，新制服符合孙中山提出的服装制作的四条原则——适于卫生、便于动作、宜于经济、壮于观瞻。从效果上看，边胞改装运动在某些地区不乏成效。据载"已有多处县份纷纷改装，改装后之边胞，穿着合时，行动轻便，与普通一般人士，举目相同，毫无两样，今后自应赶上大时代，不必再着奇装异形之衣服焉"。

民国贵州男子常服图式｜   民国贵州女子常服图式｜

　　令人啼笑皆非的是，这组题为"改装前后"的照片，居然是政府持枪逼迫的结果。当时台江县长张洪雨下令，指派已置备汉装的苗人妇女身穿苗装、携带汉装，分批入城并集体留影，之后再换上苗装各自散去，照片却赫然陈列于贵州省民教馆，进行公开展览，算作是"风俗改良"的成效。与此同时，边疆民族教育工作也把重心放在"改装"上，杨森驻署安顺期间，在石门坎派员参加英国人开办的苗塾学校，之后又派员到宁远、昭觉寺等处宣化夷民，又设立"苗人同化学校"二所，致力于苗民教育、改换服装、汉苗通婚及婚丧语言等事，学生达两百余人；贵州昭通威宁石门坎基督教会1941年的中心工作也包括这些内容："（改进）苗胞之不良风俗习惯，如耍花山、打老牛、跳月、吹芦笙，一律取消，并实施改装，取缔花衣服裙子，极力模仿汉人的优良风俗习惯。"

中山装虽然是名义上的"国服"，但说到底，它实则源自日本士官学生装，孙中山以此为蓝本进行改造，上下左右增加四个暗袋，代表

长顺苗女改装之前后

长顺苗女改装之前后

"国之四维"；袖口用纽扣三粒，象征"三民主义"，门襟用纽扣五粒，寓意"五族共和"，传达出三民主义对于民众身体和思想意识的规训。用它来取代满洲衣冠，覆盖国人的躯体，谁说这不是另一种形式的"胡风大行"呢？

苗民改装前 ｜

苗民改装后 ｜

鸠摩罗什：术道间的彷徨

作为中古历史上最有影响的佛教僧侣，鸠摩罗什（334 年—413 年，一说 350 年—409 年）给后世留下的宗教遗产，即便在整个古代史上都罕有其匹。活跃于那个时代的许多宗教人物，其生平细节往往湮没不彰，但有关鸠摩罗什的信息，却是随着时代的推移而逐渐累积叠加。留存至今的有关鸠摩罗什的传记总共有三篇，其中两篇出自佛教僧侣史家之手。一是南朝梁僧祐（445 年—518 年）所撰《鸠摩罗什传》，收入其所编的《出三藏记集》卷 14；二是由梁慧皎（497 年—554 年）所撰《晋长安鸠摩罗什》，收入其《高僧传》卷 2；三是唐太宗时官修《晋书》卷 95《艺术传》收录的《鸠摩罗什传》。

鸠摩罗什的名字又作"鸠摩罗什婆"、"鸠摩罗耆婆"，汉语的意思为"童寿"。他生于龟兹国（今新疆库车一带），其父鸠摩罗炎是从天竺逃亡到西域的贵族后裔，母亲耆婆是龟兹王白纯的妹妹。七岁时，罗什同母亲一同出家，师从精通《阿含》的小乘学者佛图舌弥，开始习诵《阿毗昙》，日诵经千偈，每偈三十二字，凡三万二千言。龟兹地处中原通西域北道的中心，是佛教向东传播的重要一站。《晋书》记载龟兹国"俗有城郭，其城三重，中有佛塔庙千所"。《出三藏记集》在描述龟兹佛教的盛况时，专门提到鸠摩罗什，可知当时他在此地的声望之高："有年少沙门字鸠摩罗，乃才大高，明大乘学，与舍弥是师徒。"九岁时，鸠摩罗什与母亲一同越过雪山，前往天竺北部的罽（jì）宾国学法。罽宾位于今喀布尔河下游和克什米尔一带，国都为善见城（今巴基斯坦的利那加），当时为贵霜王朝统辖，流行的是小乘佛教的一切有部。鸠摩罗什在罽宾向小乘教论名僧盘头达多学习一切有部的典藏，包括《中阿含》、《长阿含》以及《杂藏》，三年大成，辩才无碍，令"外道折服，愧惋无言"。东晋穆帝永和十二年（355 年），罗什随母亲返回龟兹国，在月支北山偶遇一位不知名的修行僧，他预言鸠摩罗什日后当有大成就。

东晋永和十三年（公元 356 年），鸠摩罗什和母亲在返国途中至沙勒（疏勒），留住一年。当时沙勒国西接大月氏故地，东经行莎车可至于阗，南入印度，北达龟兹。沙勒盛行小乘佛教，其王与太子均信三宝，曾作三千僧会。在此期间，鸠摩罗什研习了《阿毗昙八犍度论》、《集异门足论》、《法蕴足论》、《施设足论》等。沙勒国王为其举行大会，少年鸠摩罗什升座说小乘经典《转法轮经》，声名鹊起。从鸠摩罗什早期的游学经历来看，他积累和宣讲的基本上是小乘教义，在留住沙勒的这一年中，鸠摩罗什拜莎车高僧须利耶苏摩（Sū ryasoma）为师，须利耶苏摩"才技绝伦，专以大乘为化"，经过反复辩论、诘问与思考，鸠摩罗什转学大乘，受习《中论》、《百论》及《十二门》，主要研究中观派的诸多论著，并由须利耶苏摩亲自传授《法华经》等经典。在沙勒攻读佛典之余，罗什也寻访外道经书，阴阳历算莫不穷究，这奠定了他庞杂的知识结构，也是他有关"幻术"等神异知识的主要来源，慧皎《高僧传》卷 2《晋长安鸠摩罗什》称：

什以说法之暇，乃寻访外道经书。善学《围（吠）陀舍多论》，多明文辞制作问答等事。又博览《四围陀》典及五明诸论，阴阳星算莫不必尽，妙达吉凶，言若符契。为性率达，不厉小检，修行者颇共疑之，然什自得于心，未尝介意。

鸠摩罗什回到龟兹国之后，于二十岁时在宫中受具足戒，正式取得僧人资格。自此之后，龟兹王供奉愈甚，专门为他造金狮子座，饰以大秦锦褥，鸠摩罗什升座说法时，龟兹王公跪于座侧，为罗什足踏。这二十年里，鸠摩罗什名被东国，荣宠至极。

月满则亏，水满则盈，这位高僧的命运也是如此。鸠摩罗什的人生轨迹随着十六国时期的政权嬗递而波澜起伏。前秦建元年间，苻坚视河西诸国为囊中之物，任命吕光为都督，征讨西域。建元十三年（377 年）丁丑正月，苻坚起了罗致西域高僧的念头，因为据朝中太史所说，"有星见于外国分野，当有大德智人，入辅中国。"第二年二月，苻丕攻陷东晋襄阳，将高僧道安和习凿齿送往长安。建元十八年，苻坚派骁骑将军吕光领兵七万出西域，临行前，他专门在建章宫叮嘱吕光：

> 夫帝王应天而治，以予爱苍生为本，岂贪其地而伐之乎，正以怀道之人故也。朕闻西国有鸠摩罗什，深解法相，善闲阴阳，为后学之宗，朕甚思之。贤哲者，国之大宝，若克龟兹，即驰驿送什。

吕光伐龟兹，西域三十余国皆归附。据《晋书》卷 122《吕光载记》称，这位枭雄是略阳（今甘肃秦安东北的陇城镇）氐人，吕姓为略阳一带的氐人豪酋。建元二十年（384 年），他以骆驼二万余头满载西方珍宝、文物东归，在长长的战利品名单中，鸠摩罗什赫然在列。吕光虽然虏获鸠摩罗什，却并无崇敬之意，不知是不是出于一种恶作剧的心态，他胁迫鸠摩罗什破戒，逼其迎娶龟兹公主阿竭耶末帝。鸠摩罗什在吕光手下的十七年，痛苦自然是不足为外人道，而他的破戒之事，更是沉重地打击了龟兹佛教。两年之后（386 年），符坚被羌人姚苌（cháng）勒死在五将山，前秦灭亡，吕光闻听符坚死讯，缟素服丧，据城自立，自称凉州刺史、护羌校尉，国号凉（史称后凉），建都姑臧（今甘肃武威），传四世，共历十七年，公元 403 年灭于后秦之手。吕光乃一介武夫，视佛教为方术，西域高僧在他眼里，只不过是通晓阴阳术数、可供备问吉凶的术士。在这十七年间，鸠摩罗什选择了韬光养晦，蕴其深解，于佛法无所宣化。

在乱世中，以阴阳术数作为佛法的保护伞，鸠摩罗什并不是第一人，他的龟兹前辈佛图澄就经历过与之相似的处境。佛图澄在西晋永嘉四年（310 年）来到洛阳，正值寇乱遍地，千里焦土，后赵的石勒、石虎是中亚粟特石国人的后裔，信奉祆神，所建立的后赵政权（319 年—351 年）自然是以祆教为国教。他们虽然敬重佛图澄，尊其为"大和尚"，但并非出于对佛教的通晓，而是早期东传佛教中那些与祆教相仿的灵异成分吸引了他们的注意力。事实上，佛图澄少小出家，诵经百万，道行高深，那些咒语法术对他来讲实在是雕虫小技，只是崇奉异教的国主当前，除了装神弄鬼，这位高僧似乎别无选择。《高僧传》卷 9《佛图澄》称他"善诵神咒，能役使鬼物，以麻油杂胭脂涂掌，千里外事皆彻见掌中，如对面焉，亦能令洁斋者见。又听铃音以言事，无不劾验"；《晋书·艺术传》的记载更是叫人瞠目，例如说佛图澄肚子上有一个洞，平时用棉絮塞住，等到夜间读书时，拔掉棉絮，腹中射出的光亮照得满室皆明；又说他常在流水边取出五脏六腑洗涤，洗好后再不紧不慢地放回去。这些读起来已经有些阴风惨惨的味道了。

一二六　佛图澄灭酒灭火　三一三窟

| 敦煌莫高窟 323 窟壁画 "佛图澄听铃声断吉凶"

鸠摩罗什在吕凉政权治下郁郁不得志，行神异幻术的经历，大概可以算作是弘扬佛法之前的熬炼吧。僧传中有不少这方面的记载，例如太安二年（387 年）正月，姑臧大风，鸠摩罗什预言这是不祥之兆，果然梁谦、彭晃相继造反；又如龙飞二年（397 年），张掖沮渠蒙逊造反，吕光遣吕纂率五万兵马征讨，鸠摩罗什预言出师不利，后来吕纂果然吃了败仗。还有更离谱的事情，据《出三藏记集》载：

咸宁二年，有猪生子，一身三头。龙出东厢井中，到殿前蟠卧，比旦失之。纂以为美瑞，号大殿为龙翔殿。俄而有黑龙升于当阳九宫门，纂改九宫门为龙兴门。什奏曰："比日潜龙出游，豕妖表异。龙者阴类，出入有时，而今屡见，则为灾眚（shěng）。必有下人谋上之变，宜克己修德，以答天戒。"纂不纳。与什博，戏杀棋曰："斫胡奴头。"什辄答曰："不能斫胡

奴，胡奴将斫人头。"此言有旨，纂终不悟。后纂从弟超，小
名胡奴，果杀纂斩首。

读《晋书·艺术传》，满纸尽是咒语、谶言、星算、占卜、秘纬、法
术，收载的二十四人当中，除了佛图澄和鸠摩罗什是佛教徒之外，其余
全是方术类人物。《艺术传》对佛图澄与鸠摩罗什生平的记述，也多侧重
在这些诡异怪诞的情节上："澄、什爰自遐裔，来游诸夏，什既兆见星
象，澄乃趋役鬼神，并通幽洞冥，垂文阐教，谅见珍于道艺，非取贵于
他山，姚（兴）、石（勒）奉之若神，良有以也。"

三国时期，来自中亚康国的佛教僧侣康僧会至魏吴建业传经，也有
过类似的才艺表演。据《高僧传》卷一的记载，康僧会有一次对吴主孙权
讲到舍利，说："如来迁迹，忽逾千载，遗骨舍利，神曜无方。昔阿育
王起塔，乃八万四千，夫塔寺之兴，以表遗化也。"孙权也不是个好糊
弄的主，将信将疑："若能得舍利，当为造塔；如其虚妄，国有常刑。"
七日之后，康僧会应验了自己所说的神迹——"既入五更，忽闻瓶中𫗧
然有声，会自往视，果获舍利。明旦呈权，举朝集观，五色光炎，照耀
瓶上。权自手执瓶，泻于铜盘，舍利所冲，盘即破碎。权大肃然，惊起
而曰，希有之瑞也。"

幻术是中古时期宗教争相使用的一种手段，这种"出肠决腹，吞火
蹈刃"的做法，目的是要使"下里庸人，就以诅誓，取为信重"，以此
来延揽信徒。事实上，流行在西域一带的幻术早在汉代之前就已经传入
中国，一开始并未与宗教捆绑在一起，而是作为一种外邦"奇技"出现
在中土文献中的。据《金楼子》卷5《志怪篇》十二记载，周穆王时期中原
地区就出现了来自"西极"的"化人"，并且有"反山川，移城郭"的
手段。

周穆王时，西极有化人，能入水火，贯金石，反山川，移城郭，穆王为起中天之台，郑卫奏承云之乐，月月献玉衣，日日荐玉食，幻人犹不肯食，乃携王至幻人之宫，构以金银，络以珠玉，鼻口所纳，皆非人间物也。由是王心厌宫室，幻人易之耳，王大悦，肆志远游。

《汉书》卷 61《张骞传》记载"大宛诸国发使随汉使来，观汉广大，以大鸟卵及黎轩眩人献于汉，天子大悦"。犁靬幻人一直是西域诸国进献中原政权的珍贵贡品，到东汉，文献中有两次出现西南夷贡献"幻人"的记载，并且所贡幻人都自言"我海西人也"。《后汉书》卷 86《西南夷哀牢传》云：

永宁元年，掸国王雍由调复遣使者诣阙朝贺，献乐及幻人，能变化吐火，自支解，易牛马头。又善跳丸，数乃至千。自言我海西人。海西即大秦也，掸国西南通大秦。

《后汉纪》卷 15《孝殇皇帝纪》：

安帝元初中，日南塞外檀国献幻人，能变化吐火，自支解，又善跳丸，能跳十九。其人曰："我海西人。"则是大秦也。自交州塞外檀国诸蛮夷相通也，又有一道与益州塞外通。

《北史》卷 97《西域传》"悦般国"条记载胡人献艺之奇事。

真君九年（448年），遣使朝献，并送幻人，称能割人喉脉令断，击人头令骨陷，皆血出或数升或盈斗，以草药内其口中，令嚼咽之，须臾血止，养疮一月复常，又无痕瘢。世疑其虚，乃取死罪囚试之，皆验。云中国诸名山皆有凡草，乃使人受其术而厚遇之。又言，其国有大术者，蠕蠕来抄掠，术人能作霖雨、盲风、大雪及行潦，蠕蠕冻死漂亡者十二三。

《新唐书》卷221《西域传下》"拂菻"条载：

拂菻，古大秦也，居西海上，一曰海西国……俗喜酒，嗜干饼。多幻人，能发火于颜，手为江湖，口幡眊举，足堕珠玉。

《旧唐书》卷29《音乐志二》又称：

大抵散乐杂戏多幻术，幻术皆出西域，天竺尤甚。汉武帝通西域，始以善幻人至中国。安帝时，天竺献伎，能自断手足，刳剔肠胃，自是历代有之。我高宗恶其惊俗，敕西域关令不令入中国。符坚尝得西域倒舞伎。睿宗时，婆罗门献乐，舞人倒行，而以足舞于极铦刀锋，倒植于地，低目就刃，以历脸中，又植于背下，吹觱篥者立其腹上，终曲亦无伤。

在祆教的祭祀仪式中，常伴有"取火咒诅"一类的幻法。唐代《朝野佥载》卷3载：

河南府立德坊及南市西坊，皆有胡祆神庙。每岁商胡祈福，烹猪羊，琵琶鼓笛，酣歌醉舞。酹神之后，募一胡为祆主，看者施钱并与之。其祆主取一横刀……以刀刺腹，刃出于背，仍乱扰肠肚流血。食顷，喷水咒之，平复如故。此盖西域之幻法也。

宋代《太平广记》卷285"河南妖主"条云：

唐河南府立德坊及南市西坊，皆有胡妖神庙。每岁商胡祈福，烹猪杀羊，琵琶鼓瑟，酣歌醉舞，酬神之后，募一胡为妖主，看者施钱并与之。

敦煌文书S.367《沙州伊州地志》记载了伊州祆主翟槃陀的幻术：

火祆庙中有素书形象无数，有祆主翟槃陀者，高昌未破以前，槃陀因入朝至京，即下祆神，因以利刃刺腹，左右通过，出腹外，截弃其余，以发系其本，手执刀两头，高下绞转，说国家所举百事皆顺天心，神灵助，无不征验。神没之后，僵仆而倒，气息奄奄，七日即平复如旧。

与祆教一样，佛教在其初期阶段也曾用幻术来吸引眼球。在释迦牟尼的早期僧团中，施行咒术是非常普遍的行为；在佛典中，也有大量的关于"幻师"的记录，其中著名的大幻师有跋陀罗、阿夷邹、迦毗罗仙、斫迦罗仙、钵头摩诃萨多。据《大宝积经》卷85《授幻师跋陀罗记会》记载：

时王舍城国王大臣、婆罗门居士、一切人民，皆于如来深
生尊重，以诸上妙饮食衣服卧具汤药恭敬供养。于彼城中有一
幻师名跋陀罗，善闲异论，工巧咒术，于诸幻师最为上首。摩
羯提国，唯除见谛之人及于正信优婆塞优婆夷等，诸余愚人皆
被幻惑，无不归信。

佛教高僧使用幻术，不仅是为了宣化教义，还有一个功能，就是降
服外道邪魔，并以此来向民众宣示佛法的威力无边。莫高窟壁画中就有
不少精彩的降魔变。开凿于公元 335 窟龛内两侧墙壁上，

敦煌莫高窟 335 窟 "劳度叉斗圣变"｜

绘有"劳度叉斗圣
变"的变相壁画，
讲述的是外道劳度
叉与法师舍利弗的
斗法故事。这铺壁
画的情节取自《贤愚
经》中的《须达起精
舍》，是中唐以降一
系列变文故事和变
相绘画的蓝本。

（劳度
叉）善知
幻术，于
大众前，

咒作一树，自然长大，荫覆众会，枝叶郁茂，华果各异。众人
咸言：此变是劳度差作。时舍利弗便以神力作旋岚风，吹拔树
根，倒著于地，碎为微尘。

在《贤愚经》描写的六次斗法中，舍利弗与劳度叉各自幻化为不同的
形象，最终外道不敌佛法，劳度叉被舍利弗的慧水灌顶后，觉悟折服，
跪拜在这位圣僧的莲座前。这铺"降魔"主题的变相在归义军时期风行
一时。公元 848 年张议潮率众归唐，从吐蕃统治下收复瓜沙两州，此后
许多敦煌佛窟都出现了"降魔变"壁画，究其原因，很可能与当时
的政治气候变化有关，也就是用佛法制服外道邪魔的故事，来映
射中原政权战胜吐蕃的那段历史。这也解释了为什么在一系列敦
煌"降魔变"壁画中，佛教徒都被画成汉人形象，而诸如劳度叉这类
"外道"都是胡人形象。

后秦弘始三年（401 年）九月，后凉遣使归降后秦，国主姚兴迎请鸠
摩罗什入长安，并奉为国师。至此，鸠摩罗什一路向东的传经之路已经
蹉跎了将近二十个春秋，终于在长安变得正点起来，不再依靠秀幻术来
立身了。姚苌、姚兴父子尊崇佛教，礼敬僧徒。上有所好，下必甚焉，
在姚氏父子的带动下，一时间后秦境内信徒多达数千人，公卿以下皆奉
佛。特别是姚兴，慧皎《高僧传》称其"崇信三宝，盛弘大化，建会设
斋，烟盖重叠，使夫慕道舍俗者，十室其半"，他以国师之礼奉养鸠摩
罗什，专门为他建立规模巨大的译场。鸠摩罗什居长安的十二年间，在
逍遥园和西明阁广说诸经，邀沙门僧弗若多罗、昙摩流支、卑摩罗叉、
佛陀耶舍、佛驮跋陀罗等八百余人参加译场，国主姚兴亲临译场，手执
旧经，验其得失。千百僧人济济一堂，参校异文，考论义旨，使得"法
鼓重振于阎浮，梵轮再转于天北"。据《出三藏记集》卷 14 的记载，鸠摩

罗什所译佛经共 35 部 294 卷，重要的有《大品般若》、《小品般若》、《金刚经》、《维摩经》、《弥陀经》、《弥勒下生经》、《大智度论》、《大庄严经论》、《坐禅三昧经》等等。

尽管早年修习小乘，但鸠摩罗什本人对小乘佛教中那些涉及幻术的内容是不大认同的，他曾有感叹，"吾昔学小乘，如人不识金，以瑜石为妙。"在《注维摩诘经》中，他对维摩诘"降服众魔，游戏神通"的解释是"神通变化是为游引物，于我非真，故名戏也；复次神通虽大，能者易之，于我无难，犹如戏也。亦云神通中善能入住出，自在无碍"。也就是说，神通变化只是手段，绝非目的。

讽刺的是，即便是在崇佛如痴如狂的后秦，鸠摩罗什还是不得不两度借助幻术来阐述教义。第一次是因为国主姚兴不相信新译的《维摩经不思议品》中"芥子纳须弥"的法门，于是罗什用"纳镜于瓶"的移物幻术来向姚兴说明，即便是一粒小小的芥子，也能容纳巍巍须弥山。敦煌文书 S.381《鸠摩罗什别传》记载了这件事。

> 年三十五，方达秦中。什处欲来，嘉瑞先现。逍遥一园，葱变成蔹。后什公至，即于此园立草堂寺，同译经律。后因译《维摩经不思议品》，闻芥子纳须弥。秦主怀疑，什将证信。以镜纳于瓶内，大小无伤。什谓帝曰：罗什凡僧，尚纳镜于瓶内，况维摩大士，芥子纳须弥而不得者乎？帝乃深信，顶谢希奇。

另一次行"食针"幻术，是在鸠摩罗什被迫纳宫女之后，《晋书》卷95 对此有生动的记载。

（什）尝讲经于草堂寺，兴及朝臣、大德沙门千有余人肃容观听。罗什忽下高坐，谓兴曰："有二小儿登吾肩，欲鄣须妇人。"兴乃召宫女进之，一交而生二子焉。兴尝谓罗什曰："大师聪明超悟，天下莫二，何可使法种少嗣。"遂以伎女十人，逼令受之。尔后不住僧坊，别立解舍，诸僧多效之。什乃聚针盈钵，引诸僧谓之曰："若能见效食此者，乃可畜室耳。"因举匕进针，与常食不别，诸僧愧服乃止。

鸠摩罗什在吕光朝中就曾有"破戒娶妻"之事，虽是受吕光捉弄胁迫而为，但却在事实上对东传佛教形成不少负面影响。这次破戒更有戏剧性，干脆就是中断讲经，直接声明"欲鄣须妇人"，后来又别立僧舍，蓄妓女于其中。导演这出滑稽剧的姚兴专门赐给鸠摩罗什十个女子，"祈法种有后"，这自然在长安僧团中引起舆论沸腾，鸠摩罗什威望一落千丈，高足弟子也对师父的行为感到不解，甚至有僧人要求效法娶妻。鸠摩罗什遂聚集诸僧，当众食针如常，面不改色，后来的释金髻在《罗什法师赞》中，称这种做法是为了"机诫弟子色"，提醒众门徒勿犯色戒；弘始九年（407 年），鸠摩罗什在宣讲《妙法莲华经》的时候说"囊秽莫舍里真金"，将佛法经义比喻为真金，《高僧传》认为这是鸠摩罗什的一个玄妙寓言，目的是要让弟子们明白，"譬如臭泥，中生莲华，但采莲华，勿取臭泥也。"

鸠摩罗什在后秦的译经生涯无疑是相当成功的，史载"声满葱左，誉宣河西"，应验了天山下那位无名僧侣的神秘预言。然而宿命的是，他在术道之间徘徊的命运，并未随着形体的消灭而终结。甚至他的圆寂，也有着浓重的幻术色彩。据僧传记载，弟子们在鸠摩罗什圆寂后，依教焚尸，结果"薪灭形碎，唯舌不烂"，印证了他死前发下的

甘肃武威市鸠摩罗什塔 ｜

诚实誓："若所传无谬者，当使焚身之后，舌不燋烂"。事实上，鸠摩罗什以一己之身，回旋于大小乘佛法之间，这只是佛教初入中土的一个缩影。今天，走在武威市北大街上，老远就能看见巍峨耸立的鸠摩罗什塔，据说这里曾是存放鸠摩罗什舌舍利的处所，然而走近了却发现，塔前香火零落，旁边的文物商店一字排开，人来人往，一派欢天喜地的烟火气。凉州佛教的盛况早已不再，正如鸠摩罗什翻译的《金刚经》所说：一切有为法，如梦幻泡影，如露亦如电，应作如是观。

奉戎神与事胡天：一场没有硝烟的战争

佛教征服中国是一个漫长曲折的过程。汉末以前，这一来自西天的学说被官方禁止，为求自保，浮屠之学依附于黄老之学，为道术之附庸，在汉代帝国意识形态支柱的阴影下艰难发展。公元221年东汉覆灭后，儒学随着王朝的崩溃而坍塌，紧接其后的魏晋南北朝呈现出一种思想上的无政府状态，儒家学说从一种绝对价值降落为一种相对价值。羯、氐、羌、鲜卑诸部族次第进入陕、晋、燕、豫，百年中此兴彼起。胡族政权在中国北方的更替兴衰，一方面扰乱了中原的秩序，使得华夏故地的社会经济受到破坏；另一方面，却也促进了华夏与戎夷的交融，使外来的佛教获得了被接纳和被认可的契机。

基于地理空间观念上的排佛论，是种种排佛言论中声势最为浩大、影响最为深远的一种，在历朝历代的宗教论战中都不乏其例。南朝梁僧祐《弘明集》后序记载当时有六种排佛论，其中一条就是以"教在戎方，化非华俗"为理由。后赵的君主石虎有一次在整肃佛教教团之前，咨询大臣的意见，著作郎王度上奏折，坚决反对奉佛，理由是，佛为外国之神，佛教是夷狄之教，不能够担当教化"中国"的重任。

佛，外国之神，非诸华所应祠奉。汉代初传其道，惟听西域人得立寺都邑，以奉其神，其汉人皆不得出家。魏承汉制，亦循前轨。今可断赵人系不听诣寺烧香礼拜，以遵典礼，其百辟卿士逮众隶，例皆禁之，其有犯者，与淫祀同罪。

王度是汉人，在他的头脑里，"诸华"当然是文明的中心，夷狄则是边土。石虎却对这番言论不以为然，他自己就出身羯胡，对于"何为外国"的问题，自然会有不同的立场和看法。他反驳王度："朕生自边壤，忝当期运，君临诸夏。至于飨祀，应从本俗。佛是戎神，所应兼奉，其夷赵百姓有乐事佛者，特听之。"很明显，石虎根本不认为自己是"诸华"的一员，只是偶因天命所钟，君临华夏而已。对于崛起于边陲的胡族王朝来说，信仰佛教"戎神"，才是适合本俗的做法。尽管间或受到异族君主的支持，佛教僧团还是频频感受到"生于边土"的硬伤给传教事业带来的压力，后赵的佛教界领袖道安（312年—385年）就曾叹息道："世不值佛，又处边国，音殊俗一，规矩不同。"

在汉帝国崩溃之后，大一统王朝被许许多多地方性政权所取代，这些政权在地域上远离中原，统治者也不同程度上拥有北方胡族的背景，石虎就是一例。在这些相对于"中央"的地方文化传统里，自然会盛行"东夷西羌，皆出圣人"的说法。《世说新语·言语篇》记载了一则故事。吴国的蔡洪在西晋吞吴之后，前往洛阳应辟命，洛中人士挖苦道："君吴楚之士，亡国之余，有何异才而应斯举？"蔡洪的回答是：

夜光之珠，不必出于孟津之河，盈握之璧，不必采于昆仑之山。大禹生于东夷，文王生于西羌，圣贤所出，何必常处。

昔武王伐纣，迁顽民于洛邑，得无诸君是其苗裔乎？

在他看来，东土西土，都不妨碍圣贤的诞生，面对洛阳士人的嘲笑，蔡洪的"出身论"可谓以子之矛攻子之盾。此时的佛教僧团也借用了"圣贤所出，何必常处"的辩论方式，声称佛陀虽然出自边鄙之地，这却并不影响他成为光被四海的圣贤。收入《广弘明集》卷一中的一篇名为《正诬论》的文章就讲到，"重华（舜）生于东夷，文命（禹）出乎西羌。圣哲所兴，岂有常地。"

一些为佛教辩护的人甚至走得更远。道安的继承者慧远（334年—416年）出于一种策略性的回应，再三使用"上国"一词来指称佛教的诞生地天竺，在《晋襄阳丈六金像赞序》中，他说道："昔众祐降灵，出自天竺，托化生宫，兴于上国。"很显然，慧远并不认可"佛出边鄙"的说法，在他看来，那些坚持汉地中心说的人未免太过狭隘了。佛居天地之中而清导四方，"日至正午而无影"的天竺才是三千世界的中心。

六朝时期关于佛教是"夷狄之教"还是"华夏正教"的辩论，一直延续到隋唐。唐高祖武德四年（621年），傅奕上奏《减省寺塔僧尼益国利民十一事》一文，力陈排佛的主张，称"佛生西方，非中国之正俗，盖妖魅之邪气"。韩愈《原道》也说："今也举夷狄之法，而加之先王之教之上，几何其不胥而为夷也。"在《谏迎佛骨表》中，韩愈更是言辞激烈地攻击佛教是夷狄之教："佛者夷狄之一法耳。"韩愈的同时代人李翱在《去佛斋》一文中也说："佛法之流染于中国也，六百余年矣。始于汉，浸淫于魏晋宋之间，而澜浸于梁，萧氏遵奉之，以及于兹，盖后汉氏无辨而排之者，遂使夷狄之术行于中华，故吉凶之利谬乱，其不尽为戎礼也无几矣。"

此说一出，僧团群起反攻，双方的论战文章被收入道宣《广弘明集)。该书卷 11 有护法僧法琳 (572 年—640 年) 所著《破邪论》一文,他延续的依然是"圣贤所出,何必常处"的思维。在他看来,英雄不问出身,夏禹生于西羌,伊尹生于空桑,北魏拓跋氏出身戎狄,"然并应天明命,或南面称孤,或君临万国。虽可生处僻陋,形貌鄙粗,而各御天威,人怀圣德,老子亦托牧母,生自下凡,何德以所出庸贱而无圣者乎? 夫子云,君子居之,何陋之有……若言生在羌胡出自戎虏便为恶者,太昊文命皆非圣人,老子文王不足师敬。"

还有一种观点聚焦于华夏之人与夷狄之人在性情上的差异。中古思想史上著名的"老子化胡说",就是以此为据的。西晋惠帝永康元年 (300 年),道士王浮造作《化胡经》,与沙门帛远抗论。《化胡经》称,"佛兴胡域,西方金气,刚而无礼",群胡本性凶犷,与华夏之人性情迥异,所以需要老子西渡流沙,以柔仁化之:"胡王不信老子,老子以神力伏之,方求悔过,自髡自剪,谢怨谢罪,老君大慈,愍其愚昧,为说权教。"《弘明集》卷 8 收入道士所著《灭惑论》,称"胡人无仁,刚强无礼,不异禽兽……胡人粗犷,欲断其恶种,故令男不娶妻,女不嫁夫,一国伏法,自然灭尽"。道士顾欢作《化胡经》,也称"西域皆胡,老子化之";鱼豢《魏略·西戎传》称天竺的浮屠之教只不过是中土老子所传的经教而已,其主旨与《老子经》没有什么不同。元嘉十年(433 年),围绕着冶城寺僧慧琳所著的《均善论》,何承天与宗炳展开了一场论战。何承天号称是遍通儒史百家的大学者,在他看来,佛教强调禁戒的教义,是针对贪婪暴戾的"夷狄之性"而发展出来的,用它来教化性情中正平和的中国之民却不适用。他在《与宗居士书论释慧琳白黑论》一文中说:"中国之人,禀气清和,含仁抱义,故周孔明性习之教。外国之徒,受性刚强,贪欲忿戾,故释氏严五戒之科。"对此,宗炳反驳道:"虽此之所夷,然万土星陈于太虚。竟知孰为华哉? 推其偎爱之感,故浮屠之化应焉。"也就是说，天竺之民根本不像中原之民想象的那样，有着贪婪暴戾的本性，相反，他们是非常"偎爱"的，因此产生于天竺的佛教，也就是仁慈的教化了。

将来自西域的宗教称作"淫祀"，这并非只是针对佛教而言，祆教亦然。除了"奉戎神"，"事胡天"也是一个含有道德指向性的词汇。尽管佛教与祆教完全是两回事，但在中原之民看来，这种崇奉日月和光明的宗教既然来自"胡"的国度，总归也会有点怪力乱神的味道。

在中亚地区，祆教最初流传于巴克特里亚、花拉子模和粟特，各地都有考古材料出土，其中烈焰腾腾的祆教祭坛形象是常见的图像主题。汉文史料对于中亚各国信奉祆教的情况有丰富的记载，例如《晋书·石季龙载记附石鉴传》称"龙骧孙伏都、刘铢等结羯士三千，伏于胡天"；《魏书》卷102《西域传》"康国"条称康国（撒马尔罕）"有胡律，署于祆祠，将决罚，则取而断之"；《大慈恩寺三藏法师传》卷2记载"至飒秣建（按：即撒马尔罕），王及百姓不信佛法，以事火为道。

| 隋虞弘墓石椁上的浮雕

有寺两所，迥无僧居，客僧投者，诸胡以火烧逐，不许停住"。杜佑《通典》卷 40 "大唐官品"称"祆者，西域国天神，佛经所谓摩醯首罗也。武德四年置祆祠及官，常有群胡奉事，取火咒诅"。从考古和文献资料反映的情况来看，魏晋南北朝至初唐，祆教传播的中心在高昌国，《魏书》卷 101 和《北史》卷 97 都记载"（高昌国）俗事天神"。

自北魏灵太后到北齐后主，崇信"胡天"的风俗到达一种狂热的地步。《隋书》卷 7《礼仪志二》记载北齐末年宫廷内胡风大兴的盛况。

> 后主末年，祭非其鬼，至于躬自鼓舞，以事胡天。邺中遂多淫祀，兹风至今不绝。后周欲招来西域，又有拜胡天制，皇帝亲焉。其仪并从夷俗，淫僻不可纪也。

又据《隋书》卷 14《音乐志》的记载，这位后主沉迷于胡戎乐，乐师曹妙达、安未弱、安马驹都以伶人身份封王。北齐是汉人建立的政权，但鲜卑化的程度相当高，据《北齐书·神武纪上》记载："神武既累世北边，故习其俗，遂同鲜卑。" 2001 年—2002 年发掘的武平二年（571 年）的北齐太尉、武安王徐显秀墓，为今人提供了管窥北齐末年"事胡天"的一扇窗口。徐显秀墓壁画和随葬品中随处可见祆教元素，例如墓室西壁壁画中的墓主坐骑，项下镂雕有莲花、忍冬和联珠纹的金属璎盖，牛车顶棚上悬置联珠纹的宝镜；北壁所绘"宴饮图"上，墓主人夫妇身边有两位捧盘侍女，身穿红裙，裙上有用色笔直接点染成型的联珠对兽图案；东壁所绘"备车图"上，牛车后伞盖下立着一位头戴卷发套的侍女，身穿的白色长裙上也饰有菩萨连珠纹图案，这种典型的萨珊波斯风格的图案出现在中原地区的北朝壁画中，很有可能是由于生长在北地边陲的墓主人受鲜卑习俗影响的结果。此外，墓室东部清理出一枚造型和

| 徐显秀壁画：宴饮图

| 徐显秀墓壁画：白裙侍女图

| 北齐太尉武安王徐显秀墓出土嵌宝石金戒指

图案都非常罕见的嵌蓝宝石金戒指，变形双狮指环衔拱蘑菇状台面，联珠纹戒盘镶嵌碧玺，极富异域情调。陈寅恪先生在《隋唐制度渊源略论稿》中特别强调"北齐之宫廷尤以其末年最为西域胡化"。皇室带头祀胡天，高官显宦自然是上行下效，徐显秀墓所处的晋阳地区，又是西域胡人主要的聚居地之一，胡床、胡食、胡服、胡语、胡歌、胡乐、胡舞、胡戏等在朝野上下甚被推崇，因此在这座墓葬中出现祀胡天之物，就是理所当然的了。

"事胡天"只是一种祆教祭祀的风俗，说它能至亡国，这其实是后世卫道者的牵强联系。由于祆教祭祀仪式中存在不少激烈的动作，譬如劙面流血、剖腹出肠，在提倡中正平和的儒教徒看来，的确是一种看起来既像游戏，又有点走火入魔的行为。敦煌所出 S.367《沙州伊州地志》记载：

> 火祆庙中有素书形象无数。有祆主翟槃陀者，高昌未破以前，槃陀因朝至京，即下祆神，以利刀刺腹，左右通过，出腹外，截弃其余，以发系其本，手执刀两头，高下纹转，说国家所举百事，皆顺天心神灵助，无不征验……有司奏闻，制授游（击）将军。

另外，不明就里的中原人也容易把西域诸国进贡的"幻人"与怪力乱神联系在一起。《史记·大宛列传》记载："大宛诸国发使随汉使来，观汉广大，以大鸟卵及骊靬眩人献于汉，天子大悦。"颜师古注曰："眩读与幻同，即今吞刀吐火，植瓜种树，屠人截马之术皆是也。本从西域来。"《汉书》卷61《张骞李广利传》所传略同，并云："及加其眩者之工，而角抵奇戏岁增变，其益兴，自此始。"颜师古注引应劭曰："眩，相诈惑也。邓太后时，西夷檀国来朝贺，诏令为之。而谏大夫陈禅以为夷狄伪道不可施行。"《后汉书·南蛮西南夷列传》中也提到："永宁元年，掸国王雍由调复遣使者诣阙朝贺，献乐及幻人，能变化吐火，自支解，易牛马头。又善跳丸，数乃至千。自言我海西人。海西即大秦也，掸国西南通大秦。"唐代《法苑珠林》卷76《咒术篇》引崔鸿《十六国春秋》云，北凉玄始十四年(425年)七月，西域向沮渠蒙逊"贡吞刀、嚼火秘幻奇伎"；《朝野佥载》卷3载：

凉州祆神祠，至祈祷日，祆主以铁钉从额上钉之，直洞腋下，即出门。身轻若飞，须史数百里，至西祆神前，舞一曲即却，至旧祆所，乃拔钉，无所损。

《通典》卷 200 "边防" 第十六描述了东汉以降胡风盛行的场景："东汉魏晋，乐则胡笛、箜篌，御则胡床，食则羌炙、貊炙，器则蛮盘，祠则胡天。晋末五胡递居中夏，岂无天道，亦人事使之然也。"在这个"胡势汹汹"的年代，华夏礼乐崩陷，地方政权频繁更迭，但这对于文化裂变、更新与演化，却未尝不是一件好事。民国时期的历史学家雷海宗提出"中国文化二周说"的理论，认为西北方的"戎胡"作为边缘居民和外来宗教的传播者，周期性地为中国文化注入新鲜的活力，在宗教领域，这可谓是一场没有硝烟的战争。淝水一战（383 年）之后，中原步入政治破裂与文化灭亡的末世，但神奇的是，中国文化不但未亡于西北胡族之手，反而改头换面继续生存下去，迎来了第二个文化周期。胡人的血统随着十六国时代的到来而出现弥散，导致了胡汉民族彼此融合，印度佛教也从西域地区传入中原，为古典时代的中国文化带来新的生机；祆教虽然未能像佛教一样在东亚大陆修成正果，却也随着粟特商胡的脚步，以一种"草蛇灰线，伏笔千里"的方式散布各处。西北的胡文化，成就了"梵化同化"的奇迹，令中国文化在经历了西晋的波谷之后，于"五胡乱华"的纷扰中获得了重生。正如顾颉刚所说的那样：

中国民族的衰老，似乎早已成为公认的事实。战国时，我国的文化固然为了许多民族的新结合而非常健壮，但是到了汉以后……君主专制和儒教的垄断，把它弄得死气沉沉了……假使没有五胡、契丹、女真和蒙古的入侵，使得汉族人得到一点新鲜血液，恐怕汉族也不能苟延到今日了。

整个魏晋南北朝隋唐史的主线，就是西北胡人的武力入侵以及这种入侵带来的种族融合与宗教并生。仅从政治的角度来看，六朝可算是一个不折不扣的乱世，然而这个苦痛的时代，却也是精神史上极自由，极解放，最富于智慧，最浓于热情，最富有艺术精神的一个时代。这不能不说是戎胡之功。无怪乎在面临着同样困境的民国时代，知识界突然出现了六朝文章的复兴，章太炎推崇王弼与范缜，鲁迅追慕嵇康，周作人独爱颜之推。大约是那些络绎打破中国国门的洋大人，令当时国运衰微中的知识阶层想起了一千多年前那些奉戎教、事胡天的西北异族，因此才对那些挣扎于夹缝中的六朝士人生出这许多戚戚之感吧。

河西安氏漫议

　　隋末唐初的乱世中，武威人李轨于大业十三年（617年）兴兵起事，自称"河西大凉王"，建元安乐，占据河西五郡，史称大凉。大凉政权以武威为中心，西取张掖、敦煌，东至西平、枹罕。武德元年（618年）七月，李轨僭称天子，以胡人安修仁为户部尚书，不过他大概没有想到，这一任命将是八个月后引爆大凉政权的一颗定时炸弹。安修仁有个哥哥叫安兴贵，在长安为官。两兄弟分事二君，心思却并无两样。唐武德二年（619年），李轨遣使朝长安，奉书称"从弟大凉皇帝"，高祖大怒，安兴贵上表，请求前往凉州招安李轨。唐高祖有些犹豫——李轨据河西之地，连好吐谷浑，结援于突厥，其势正旺，就算兴兵讨击都不足以平定，只身前往招安，谈何容易。安兴贵却回答说：

　　　　"李轨凶强，诚如圣旨。今若谕之以逆顺，晓之以祸福，彼则凭固负远，必不见从。何则？臣于凉州，奕代豪望，凡厥士庶，靡不依附。臣之弟为轨所信任，职典枢密者数十人，以此候隙图之，易于反掌，无不济矣。"

安兴贵的策略说来也不复杂，一言以蔽之，就是里应外合。安氏家族在凉州地区数代经商，支脉繁多，为一地之豪族，代表河西一带商胡集团的利益，与李轨政权中汉人集团的矛盾已经积累到白热化的程度；且安兴贵的弟弟安修仁在李轨朝中权倾一时，统领凉州群胡，正在凭借接二连三的果断手法，把大凉政权中的汉人集团挤压至权力的边缘地带。事实也的确如安兴贵所料，李轨拒不接受朝廷的招慰，举兵抗拒，最终却还是被安氏兄弟联手擒获，是年四月押送长安伏诛。这次干净利索的宫廷政变，扫平了存世不足一年的大凉政权，使得唐高祖不战而得河西。事实上，河西地区几乎是由安氏家族双手捧送给李唐王朝的，足见凉州西胡势力的强大。平定凉州之后，安兴贵因功被唐朝朝廷授予右武侯大将军，封凉国公，安修仁亦被授予左武侯大将军，封申国公。武德九年，唐太宗初定功臣，安氏两兄弟各食实封六百户，并位于六百户诸功臣之首，安氏家族自此之后势力日炽，直至后唐方告没落。

莫高窟 322 窟据说就是安氏的家族窟。在西壁外层龛北侧最下角有天王彩塑，天王右腿侧北端，有一行竖写的草书题记"安巡勿必"；同一位置的北壁天王像后外侧，也有一行竖行楷书小字"张生大子安倍生一"，对此，《敦煌莫高窟供养人题记》把"安"释读为"史"，姜伯勤和罗丰等人也均持此说。不过，敦煌研究院文献所的沙武田先生在多次仔细观察之后，认为这是一个"安"字，并进一步推断，这一龛石窟是武威的安氏家族发心营造的家族功德窟，开凿年代约略始于大凉政权时期，经历唐武德元年至七年（618 年—624 年），下迄唐贞观十六年至龙朔二年(642 年—662 年)，即唐高祖、太宗和高宗初期。

安氏始祖自中亚东迁自此，自北周以来，在河西历代为商，凉、甘、肃、瓜、沙、伊、西等州及北庭、安西都护府都有他们的足迹，到唐代已然形成了成熟的自治群落。《吐鲁番出土文书》第 7 册第 468 页收录的《唐神龙三年(707年)高昌县崇化乡点籍样》中，有户主安胜娘、安德忠、安义师、安善才、安师奴等；同书第8册第433页所载《唐天宝二年（743年）籍后高昌县户等簿帐》中，有安君进、安思俊、安忠亮、安法式、安那尚、安忠秀等安姓人名。高昌为西州属县，这说明西州一带居住着许多安姓胡人。敦煌文书所载唐天宝年间《敦煌郡敦煌县从化乡的差科簿》等中，有安奴子、安薄鼻、安也希等39个安姓人名。

在这些粟特人聚居地，常常伴随有祆教祠舍，祆教文化在当地非常兴盛。据《隋书•康国传》载："康国者，康居之后也……米国、史国、曹国、安国、小安国、那色波国、乌那曷国、穆国皆归附之。有胡律，置于祆祠，将决罚，则取而断之……国立祖庙，以六月祭之，诸国皆助祭。"所谓祆祠，就是崇奉拜火教的祠堂。祆教即琐罗亚斯德教，又称拜火教，是世界五大宗教中最为古老的一种，公元前七世纪由波斯人琐罗亚斯德创立，在大夏王维斯塔的支持下，这一宗教首先在大夏境内传播开来，后来又作为萨珊波斯的国教兴盛一时，并很快从波斯帝国东部传遍整个中亚地区。该教以《阿维斯陀》为经典，认为宇宙中有善与恶两种神灵，善神叫阿胡拉玛兹达，意谓智慧之王，是光明、生命、创造、善行、美德、秩序、真理的化身；恶神叫安格拉，它是黑暗、死亡、破坏、谎言、恶行的化身。中亚本土祆教以神圣的火为唯一崇拜的对象，因为火是善神的儿子，象征着善神的绝对和至善，礼拜圣火是祆教最重要的仪式。

释慧立、释彦宗撰《大慈恩寺三藏法师传》卷2云："至飒秣建国（原注：此言康国），王及百姓不信佛法，以事火为道。"祆教可能是由塞人最初传入今新疆一带，后来逐渐向东蔓延的。唐懿宗的爱女同昌公主得病时，曾召请术士米賨作"灯法"疗疾，这位粟特术士所谓"灯法"也应是于祆庙中燃灯祈祷的仪式。又如S.2241《公主君者者状上北宅夫人》记载：

> 孟冬渐寒，伏惟北宅夫人司空小娘子尊体起居万福。即日
> 君者者，人马平善，与（已）达常乐，不用优（忧）心，即当
> 妙矣。切嘱夫人与君者者沿路作福，祆寺燃灯，倘劫不望。

可见"祆寺燃灯"显然是有礼拜圣火的含义。同时，归义军政府还支出一定的灯油用于祆寺燃灯，P. 4640《归义军衙内布纸破用历》保留了公元 899 年至 901 年张承奉时期赛祆活动中支出"画纸"的记录，S.1366《归义军使衙内面油破用历》："十七日，准旧城东祆赛神用神（食）五十七分，灯油一升，麨面二斗，灌肠（面）九升。"S. 2474《归义军使衙内油粮破历》记载："城东祆灯油二升"，辛酉年（901年）正月到四月间，每月都要举行一次赛祆活动。在粟特胡人的宗教信仰影响之下，沙州一带的祆教信仰非常流行。

在敦煌城东五百米处，有一个名为"安城"的粟特人聚落，大约形成于七世纪初期，入唐以后，这个聚落被地方政府编组为"从化乡"，是沙州敦煌县十三乡之一。安城的火祆教崇拜之风甚烈，城中有祆祠，根据敦煌卷子 P.2005《沙州都督府图经》卷三的记载，唐高宗时，这座祆祠"右在州东一里，立舍，画神主，总有廿龛，其院周回一百步"。安城祆庙内一年四季都悬挂有画着粟特神祇的画，每逢节庆雩祭日，四面八方的祆教信徒都要至此举行设供、燃灯、雩祭的祈祭活动；又有敦煌写本诗《敦煌廿咏》收入《安城祆咏》诗一首，其中有"版筑安城日，神祠与此兴"的句子。

安氏在河西世代为萨宝。萨宝是梵文"sā rthavā ho"的对音，本义是指粟特商队首领，也是粟特人建立的胡人聚落的统领者。在这些胡

人建立的聚落中，往往有琐罗亚斯德教（祆教、拜火教）祠，又称祆祠，萨宝也是统领火祆教的宗教领袖，兼理政教。根据向达先生的考证，北齐时就已有此官名，《隋书·百官志》论齐官制，称："鸿胪寺掌蕃客朝会吉凶吊祭，统典客、典寺、司仪等署令丞，典客署又有京邑萨甫二人，诸州萨甫一人。"北朝和隋唐时期，地方政府和中央政府为了更好地控制商胡聚落，将萨宝纳入中国传统的官僚体制当中，萨宝为一级职官，专门授予胡人领袖，并设立萨宝府，下设萨宝府祆正、萨宝府祆祝、萨宝府长史、萨宝府府率等官吏职，管理聚落行政与宗教事务。

出身萨宝家族的安氏兄弟，之所以要辅助李唐王朝平定大凉，其原因很可能并不单单是"忠君爱国"，而更多是出于维护自己家族在本地的利益，确保地位无虞。隋末唐初的凉州是河西地区的大都会，也是中国交通西域要道上的一处商贸枢纽，中亚商胡群体要向东发展，凉州是他们的重要据点。只有扫平横亘在通衢要道上的依附于李轨政权的汉人集团，才能更好地保护胡人集团的利益。更重要的是，这使得河西安氏能够架空本地其他豪族，与长安建立起最为直接的联系。利益是政治的灵魂，而谋求利益最大化，则是一切政治行为的原动力。

安氏粟特人是唐代"昭武九姓"之一。"粟特"源自波斯语"Sogd"一词，在中国史籍中又写成"粟特"、"粟弋"、"属繇"等。粟特人在中国传统文献史料中泛称为"九姓杂胡"，姓氏有康、安、石、曹、米、何、史。《魏书·西域传·康国传》载："（康国）其王本姓温，月氏人也，旧居祁连山北昭武城，因被匈奴所破，西逾葱岭，遂有其国。各枝庶各分王，故康国左右诸国，以昭武为姓，示不望本也。"又云："米国、史国、曹国、何国、安国、小安国、那色波国、乌那曷国、穆国，皆归附之。"《隋书》卷4《炀帝纪》载，大业十一年（615年）五月，"突厥、新罗、龟兹、疏勒、于阗、安国、曹国、何国、穆国、毕、衣密、失范延、伽折、契丹等国并遣使朝贡。"《隋书·安国传》记载，炀帝即位之后，"遣司隶从事杜行满使于西域，至其国，得五色盐而返。"以安姓为国名而称"安国"，这是在两汉以后史籍里才出现的。所谓"安国"，指的是索格底亚那地区由粟特人建立的政权，索格底亚那当时是波斯帝国的一个行省，公元前六世纪的波斯古经《阿维斯陀》和《贝希斯顿铭文》用"Sogdiana"一词指称阿姆河、锡尔河之间泽拉夫珊河流域的 Sogd 人所居之地，安国就位于阿姆河以北的布哈拉地区，大约在四世纪晚期被嚈哒人征服。

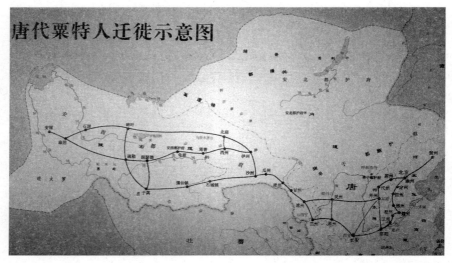

唐代粟特人的迁徙路线 ｜

粟特人以善做生意而著名，史载其"善商贾，好利，丈夫年二十，去傍国，利所在，无不至"。不过，即便迁居他处，粟特商人也还与自己中亚祖居地保持着密切的联系。1906 年，英籍探险家斯坦因（M. A. Stein, 1862-1943）在敦煌西北方的一座古烽燧（编号 T. XII. a）下发现了一个邮包，里面装的是八封四世纪初年的信，用粟特语写成，其中五封较为完整，其余残破不全，学界称之为"粟特语古信札"（Sogdian

Ancient Letters）。这些信发自姑臧和敦煌，是在河西经商的粟特人向远在中亚的康国和安国汇报在这里经商的困难。这批没有送抵目的地的信件重见天日，掀开了凉州粟特商团的神秘面纱，他们以姑臧为大本营，活动范围自西边的撒马尔罕直抵中国的洛阳和邺城，顺着蜿蜒的丝绸之路，经营香料、黄金、小麦和丝绸生意。

除了"安国"以外，在墓志和史籍材料中，还经常出现一个与河西安氏有关的地名——安息。汉魏史籍中出现的"安息"，指的是西亚古国帕提亚（Parthia），汉武帝时张骞通西域，安息始与中国往来。安息一名，最早见于《史记》卷123《大宛列传》和《汉书》卷96《西域传》（《汉书·西域传》："安息国，王治番兜城"）。汉使抵达安息的时间，约略是在元鼎二年（公元前115年）前后。《史记·大宛列传》云："初，汉使至安息，安息王令将二万骑迎于东界。东界去王都数千里。行比至，过数十城，人民相属甚多。汉使还，而后发使随汉使来观汉广大，以大鸟卵、黎轩善眩人献于汉。"《后汉书·和帝纪》载，章和二年（88年）十月，"安息国遣使献师子、扶拔。"永元十三年（101年），"冬十一月，安息国遣使献师子及条支大爵。"

安息国留给后人最耀眼的两个遗产，其一是安息僧，其二是安息香。《清稗类钞·工艺类》"制安息香"条："安息香树之脂，坚凝称黄黑色块可为香，并可制药。"安息香原产于阿拉伯半岛及伊朗高原，唐《酉阳杂俎》称"安息香树出自波斯国"。后来产自今印度尼西亚、越南、泰国等地的其他香料也称作安息香，如《诸番志》卷下称"安息香出三佛齐国"。"三佛齐国"旧称室利佛逝，就是今天的苏门答腊群岛。

沿着这条道路东行至唐长安的，除了远道而来的香料，还有传布佛教的僧侣，他们当中有不少就是来自安息国，例如安息国王子安世高。他在东汉桓帝建和二年（148年）来华，至灵帝建宁年间，宣译众经，传布佛法，所译经书多达三十余部。与早期来华传播佛教的异域僧侣一样，安世高的身世和行迹也充满种种神异色彩。在史籍中，安世高又被称作"安清"，现存记载最详尽的安世高传记，是梁僧祐在五世纪末编纂的《出三藏记集》(卷13)和慧皎在六世纪初年撰写的《高僧传》(卷1)。除此以外，汉末魏晋之间还有许多与安世高所译经典有关的经序，它们也是后人探求这位安息国王子身世的重要凭据。康僧会在《安般守意经序》中叙述安世高的身世："有菩萨者安清，字世高，安息王嫡后之子，让国与叔，驰避本土。"由"让国与叔"这个说法出发，冯承钧先生在20世纪30年代推断出，安世高是公元一世纪晚期安息国王Pacorus二世的儿子Parthamasiris，公元97年，Pacorus去世，Parthamasiris避位于王弟Cosroes，出家为僧。马雍对冯承钧的考证做出修订，尽管围绕安世高的谜团还有许多都未澄清，但这位高僧来自安息国，这却是确凿无疑的。

安息国存世的时间止于公元226年，之后被波斯萨珊王朝征服，在四世纪之后的汉文史籍中，"安息"逐渐被"波斯"一词所替代。尽管凉州地区的粟特安姓胡人并未见得一定都来自安息国，但汉魏以降，安姓多有自称"安息王苗裔"的风气。唐代承魏晋旧俗，旧族以门第相矜，新贵以攀附为荣，"言李悉出陇西，言刘悉出彭城"，这种风气在西域九姓胡人社会中也很常见。追溯先祖世系多采用程式化的套语，如《唐故蜀王府队正安君墓志铭》称"天孙出降，侍子入朝"；《大唐故平凉郡都尉史公夫人安氏墓志铭并序》称"夫人讳娘，字白，岐州岐阳人，安息王之苗裔也"。《魏书》卷30《安同传》："安同，辽东胡人也，其先祖曰世高，汉时以安息王侍子入洛，历魏至晋，避难辽东，遂家焉。"《通志·氏族略》："安氏，安息王子入侍，遂为汉人，故其族出凉州。《风俗通》，汉有安成，《庐山记》，吴有安高，唐赐抱玉为李氏，其余即安氏也，望出姑臧河内。"《安忠敬碑》（玄宗开元十五年，公元 727 年）：
"公讳忠敬，字某，武威人也，轩辕帝孙，降居弱水，安息王子，以国
为姓。"长安出土的《安令节墓志铭》："君讳令节，字令节，先武威姑
臧人，出自安息国王子，入侍于汉，因而家焉。"《新唐书》卷 75 下《宰相
世系表五下》："武威李氏，本安氏，出于姬姓。黄帝生昌意，昌意次
子安，居于西方，自号安息国。汉末遣子世高入朝，因居洛阳。晋、魏
间，家于安定，后徙辽左，以避乱又徙武威。后魏有难陀、孙婆罗，
周、隋间，居凉州武威为萨宝。生兴贵、修仁。至抱玉赐姓李。"唐代
《元和姓纂》卷 4 "姑臧凉州安氏条"称："《风俗通》，汉有安成，《庐山
记》，安高，安息王子，入侍。出自安国，汉代遣子朝，国居凉土。后
魏安难陀至孙盘娑罗，代居凉州，为萨宝。"意大利学者富安敦（An-
tonino Forte）在《质子安世高及其后裔》一书中，根据《魏书》等材料，专
门对凉州的安兴贵家族世系进行研究，并根据《安忠敬碑》和姓谱的资
料，主张凉州安氏是汉代安息王子安世高和北魏初年安同的后裔。事
实上，安息和安国是两个概念，前者的时代是在汉代，而后者则是汉以
后才出现的。二者的混淆，为唐代河西安氏家族攀附安息国王子的世系
提供了可能。

初唐至五代时期的河西安氏家族及其祆教信仰，如今已然是邈远难
考了。不过我们在图像材料中还能发现不少这方面的内容。2000 年 5
月至 7 月，陕西省考古所在西安北郊发掘了北周大象元年（579 年）粟特
人安伽的墓，据《大周大都督同州萨宝安君墓志铭》（简称《安伽墓志》）
称，"君讳伽，字大伽，姑臧昌松人，其先黄帝之苗裔……父突建冠军
将军，眉州刺史。"安伽生前在今陕西大荔一带为官，任同州萨宝。在
墓中出土的围屏石榻上，有多幅贴金浅浮雕图，后屏共刻绘六幅图案，
自左向右依次为乐舞图、宴饮狩猎图、居家宴饮图、民族友好交往图、

北周安伽墓石榻后屏居家宴饮图局部 |

石雕彩绘门额门楣 |

野宴商旅图、居家宴饮舞蹈图，似乎这位显赫的墓主人已将这极尽奢华的良辰美景从阳世带入阴间了。袄教祭祀时的歌舞宴饮场面，在唐代《朝野佥载》中也有生动的叙述，该书卷三载洛阳袄祠云："河南府立德坊及南市西坊，皆有胡袄神庙，每岁商胡祈福，烹猪羊，琵琶鼓笛，酣歌醉舞。"中唐时期，姚汝能编纂的《安禄山事迹》上卷也记载了安禄山向袄神歌舞祈福时的奢靡图景："潜于诸道商胡兴贩。每岁输异方珍货计百万数。每商至，则禄山胡服，坐重床，烧香列珍宝，令百胡侍左右，群胡罗拜于下，邀福于天。禄山盛陈牲牢，诸巫击鼓歌舞，至暮而散。"尽管《安伽墓志》的文字没有明确言及凉州安氏家族的宗教信仰，但是墓门门楣上浮雕的袄教火坛以及祭司在烈焰腾腾的坛前祭火的形象，都在无声地提示我们安氏家族的袄教背景。

回到敦煌莫高窟322窟的话题上，该窟开凿的时间约略是在唐武德至贞观初年，与57、203、209窟都是非常宝贵的初唐窟。这一时期，河西刚刚为李唐王朝所平定，尚处在恢复期，袄教的痕迹不可能一扫而空；再说当时河西与长安之间的交通还不是太方便，因此造像艺术受内地影响的程度也很有限。仔细观察石窟的特征，不难发现此窟相较于其他洞窟，的确有若干独特之处。谢稚柳在《敦煌艺术叙录》中云："（张编 127，即敦编 322）初唐，较大窟，龛内塑像七躯，原塑，极为精整。龛内顶飞天十二身，均有须，为诸窟所仅见。"门楣处的二畏兽天神手托山羊和绵羊，姜伯勤认为这一畏兽天神"紧那罗"的形象就是粟特人的祆教神。今天我们说起敦煌石窟，似乎总是下意识地把它跟佛教联系在一起，大概是因为"乐僔开窟神话"的影响使然。事实上，敦煌地区的石窟在一开始并不是专用于佛教，而是儒家讲学之地和火祆教崇拜的场所。据《晋书·张轨附子张寔传》记载，"京兆人刘弘者，挟左道，客居天梯第五山，然灯悬镜于山穴中为光明，以惑百姓，受道者千余人，寔左右皆事之。"据王素先生考证，这些燃灯悬镜、崇奉光明的"左道之徒"就是祆教徒。三世纪时姑臧之南的天梯山为拜火教徒所居，信众颇多，甚至连国主张寔的左右亲信都是奉教之人，而张寔最终就是死在信奉"刘弘左道"的帐下亲信阎沙手中。五凉时期，佛教的势力还很微弱，发展也相当缓慢，且随着政权的频繁更迭而摇摆无常。敦煌被视作一个佛教圣地，是在六世纪之后的事情。《魏书·释老志》云："凉州自张轨后，世信佛教。敦煌地接西域，道俗交得其旧式，村坞相属，多有塔寺。太延中，凉州平，徙其国人于京邑，沙门佛事皆俱东，象教弥增矣。"直到太延年间（435 年—440 年），佛教僧团才在这一带取得了长足的进展。安史之乱后，曾经叱咤河西的安姓家族日渐衰败，不复如当年雄踞丝路了，到南唐五代，子孙星散，零落四方，仅凭攀附安息王子的世系，来遥想当年的全盛。在鸣沙山的黄沙之下，不知隐藏了多少这个家族不为人知的秘密。

劂面胡俗今何在

　　七月盛夏，穿行在河西走廊的山水间，是一种别致的体验。以前只见于书本上的种种风物和逸闻，好像一时间活了起来。上古帝王遣使西游，以重金求美玉，开通了"西玉东输"的孔道，数个世纪之后，沿着这条蜿蜒的玉石之路，天竺佛法越过葱岭，远渡流沙，东传入中土。随着弘法高僧的次第到来，小乘佛教和大乘佛教相继由北印度输入大月氏、安息、康居，再由此传入疏勒、莎车、于阗、子合等国。在经历了旷日持久的文化拉锯战之后，佛教终于在四世纪初年扎根中土。此时中国的北部，五胡十六国的历史刚刚拉开序幕，佛教初入华土的辉煌和喧嚣，恰好与这个充斥着"乱与篡"的时代彼此重叠。敦煌就在这个时刻登场了。

　　抵达瓜州的那一晚，我站在住所房间的窗前向西望去，在散尽余温的清凉夜色里，我仿佛能够嗅到来自西边沙漠的气息。敦煌近在咫尺。次日一早驱车前往，远远望去，崖壁上的石窟如鸟巢累累，鼓动着探访者的好奇心，在烈日的蒸烤中，我们一行人拾级而上。

　　推开158窟的大门，酷暑顿时消隐无形，潮湿阴凉的空气里夹杂了一丝尘土腾起的气味。当眼睛逐渐适应了黯淡的光线之后，石窟开始显示出一种梦幻般的视觉幻境。一尊典雅的卧佛赫然横陈于西壁前的通壁横长的佛坛上，双目半闭，唇含笑意，天衣下垂呈水波纹状。洞窟的南壁塑有迦叶雕像，北壁塑弥勒，卧佛身后绘有两排举哀者像，上排绘19身菩萨像，下排绘17身罗汉像以及14身天龙八部护神像；在涅槃像足部上方北壁，绘有各国国王劓面举哀图，表现了在俗信徒因得知释迦入灭而陷入极度悲痛的场景。

斜阳慢慢坠入对面的山凹。从狭窄的洞口射入的余晖，是观想佛像时最佳的光源。讲解员关掉手电筒，刚才还吵吵嚷嚷的一行人突然陷入一种毫无征兆的沉默。这样的沉默以一种神秘的力量重构着我们的知觉世界。佛陀的追随者们哀哀痛哭的场面，仿佛在我头脑中启动了一个发散式联想的开关按钮，劓面、粟特人、火祆教、开红山、二郎神……这些名词搅动了洞窟里的静谧空气，将我的思绪从西北的黄沙中一直拉到中国南方的山岭间。那就从这铺"劓面图"说起吧。

这铺壁画绘有哀悼者十三人，或缚头巾，或披发于肩，或戴裘帽，多高鼻深目，浓眉虬髯，与古籍中记述的"胡人"形象大抵相类，他们的身份应当是中亚或西域的帝王。面对释迦的入灭，他们的哀悼方式显得十分惨烈，割耳、削鼻、刺胸，令人目不忍睹，前排左起第一人蓄长发、裸上身手持双刀，刺向自己袒露的前胸，第二人身穿翻领长袍，头缠窄巾，左手捏鼻，右手持刀切割，第二排右起第二人头戴小冠，身着圆领窄袖花色长袍，左手揪耳，右手持刀而割。

由于时空阻隔，当代人已经很难从情感上理解这种"劓面截耳"以致哀念的惊人举动了。考诸史籍，文献中关于"劓面"的记载最初见于汉代，《后汉书》卷19《耿秉传》称"匈奴闻秉卒，举国号哭，或至梨面流血"。"梨面"即"劓面"，匈奴人以这种方式来哀悼巡边七年的东汉度辽将军耿秉。此事在《东观汉记》中也有记载："耿秉为征西将军，镇抚

单于以下，及薨，赐朱棺玉衣。南单于举国发哀，劈面流血。"古籍中有关"劈面"的文献相对集中出现在《周书》、《隋书》、《旧唐书》、《新唐书》中，如《周书》卷50《突厥传》记载：

敦煌 158 窟北壁涅槃变·各国王子举哀图

死者停尸于帐，子孙及诸亲属男女，各杀羊马，陈于帐前，祭之。绕帐走马七匝，一诣帐门，以刀劈面且哭，血泪俱流，如此者七度，乃止。择日取亡者所乘马及经服用之物，并尸俱焚之，收其余灰，待时而葬。春夏死者，候草木黄落，秋冬死者，候华叶荣茂，然始坎而葬之。葬之日，亲属设祭，及走马劈面，如初死之仪。

《隋书·突厥传》云：

（突厥）有死者，停尸帐中，家人亲属多杀牛马而祭之，绕帐号哭，以刀划面，血泪交加，七度而止。

《洛阳伽蓝记·宋云行记》里记载于阗国的葬礼上：

> 死者以火焚烧，收骨葬之，上起浮屠。居丧者剪发劓面以
> 为哀戚。

除了举哀的功能之外，劓面也是一种向上天或君长陈情的手段，在天宝年间担任河西节度使的粟特胡人安思顺就曾用这种方式保住了官位。据《资治通鉴》的记载，天宝九年（750 年），朝廷欲以高仙芝代替安思顺担任河西节度使，"思顺讽群胡割耳劓面请留己，制复留思顺于河西"，高仙芝也因此改任右羽林大将军。

女性也有劓面之事。《旧唐书》卷 195《回纥传》记载唐肃宗幼女宁国公主嫁回纥葛勒可汗，可汗去世后，

> 其牙官、都督等欲以宁国公主殉葬，公主曰："我中国
> 法，婿死，即持丧，朝夕哭临，三年行服。今回纥娶妇，须慕
> 中国礼。若今依本国法，何须万里结婚。"然公主亦依回纥法，
> 劓面大哭，竟以无子得归。

值得注意的是，这种以刀毁伤面部的哀悼方式，在犍陀罗和印度本土的佛陀涅槃图中难寻其踪，在汉译《大般涅槃经》、《摩诃摩耶经》等佛经中也无记载，也就是说，"劓面举哀"原本不是佛教的葬礼。既然如此，它为何会出现在敦煌 158 窟释迦入灭的场景当中？

从图像学的角度来追索"劓面"的痕迹，有可能为我们提供一些线

索。新疆克孜尔石窟第 224 窟（即摩耶洞）后甬道前壁的荼毗图中，出现了割耳割鼻的场景。上排的五个人装束各异，中间一名男性身着窄袖翻领服，头蓄短发，右手持一小刀向额头扎去，下排右起第二人着突厥服饰，右手持刀划向额头。

新疆克孜尔第 224 窟荼毗图

在中亚粟特故地片治肯特二号遗址南墙的正厅上，有大型壁画"哀悼图"，我们在此也可以看到劓面习俗的盛行。画面上绘六位粟特人，下绘五位突厥人，同在死者帐前劓面截耳。

从族群源头上来看，"劓面举哀"原本是北方欧亚草原游牧民族的标志性葬仪，自东汉至隋唐，在以粟特人为主体的西域诸民族中，是行之已久的风俗。粟特人在汉文史籍中又被称为"昭武九姓"、"九姓胡"、"杂种胡",其本邦位于中亚阿姆河和锡尔河之间的泽拉夫珊河流域,西方文献将这一地区常称之为"粟特",亦即索格底亚那的简称。史载粟特人"善商贾好利,丈夫年二十,去傍国,利所在,无不至"。随着粟特人来华经商,敦煌地区的粟特聚落在公元四世纪初年就已形成一定的规模。

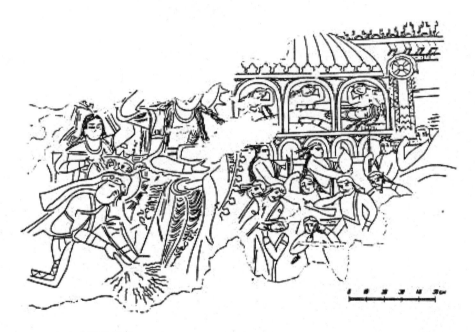

| 片治肯特劈面图

考察劈面之俗,必然要追索到中亚粟特人对火祆教的崇奉。火祆教即琐罗亚斯德教,又称拜火教,曾作为萨珊波斯国的国教兴盛一时。该教以《阿维斯陀》为经典,基本教义是认为宇宙存在善与恶两种神灵,善神阿胡拉玛兹达,意谓智慧之王,是光明、生命、创造、善行、美德、秩序、真理的化身;恶神安格拉是黑暗、死亡、破坏、谎言、恶行的化身。礼拜圣火是祆教最重要的仪式,祆教教徒在祭祀时非常注意保持火

的洁净，只用清洁干燥的木柴香料和供品置于火中，用火烹调时也要十分小心，必须让火保持经久不息，不可让器皿里的食物溢出滴到火里。

玄奘在贞观年间行至中亚，曾经亲睹粟特聚落的拜火之俗。《大慈恩寺三藏法师传》一书中记载了当时康国的拜火盛景："王及百姓不信佛法，以事火为道。"近数十年来，考古工作者在粟特本土和中国境内的粟特人聚居地发现了若干袄教祠庙遗址，袄祠壁画中多次出现"火坛"的形象。如 1999 年 7 月山西太原出土的粟特人虞弘墓石棺床座上有圣火坛；2000 年 5 月发现的陕西西安粟特人安伽的石棺墓，门额正面刻绘袄教祭祀图案，中部刻有三只站立在覆莲座上的骆驼，背驮圆盘，盘内置薪火。

火坛、降神与劙面的关系，在《旧约·圣经》中也有依稀留存。根据《列王经》的记载，以色列王后崇信巴力神，在撒玛利亚建造巴力神庙，顶礼膜拜。她的祭司们为了跟耶和华的先知以利亚斗法，树立祭坛，预备干柴和牛犊，在祭坛边踊跃跳神，以求上天降下天火。"他们大声求告，按照他们的规矩，用刀枪自割、自刺，直到身体流血"（《列王经》上）。

日本美穗博物馆火袄教葬仪浮雕 |

在烈焰腾腾的圣火坛前举行"劙面"之仪，我们很幸运地为这样的场景找到了图证。日本滋贺县美穗博物馆馆藏的粟特人画像石就是一例。画像石的后屏上是展现火袄教葬仪场面的浅浮雕。一位身着长袍站立的长者立在火坛前，后面尾随四人，两跪两立，均持小刀作劙面状。

直至 20 世纪初期，中国西北的"劓面"之风仍有残留。胡朴安《中华风俗志》下篇卷 8 对新疆哈萨克葬仪的记载中就提到："其俗，夫死，妇皆毁容。戚友吊唁者对之痛哭，以爪抓面，流血为戚，否则鄙笑之，以为无情。"

如今，西域粟特人的踪迹已经随着千百年来的民族融合而湮没难循了。然而文化传统的绵长生命力，如同草蛇灰线，伏笔千里，总是在不经意的时空里突然闪现。在青海黄南藏族自治州同仁隆务河两岸的热贡农区，每年农历六月都要举行祭祀二郎神的"六月会"，其中有一项奇特的"开红山"仪式，当地法师（即"拉瓦"）会用匕首划破男性舞蹈者的额顶，令其血流满面地到场内献舞，来祭祀"阿米木洪"（即二郎神）。六月会上的"开红山"，会不会就是这铺壁画中"劓面"风俗的遗存或变形？

这样的联想仿佛是过于跳跃和冒昧了，然而考虑到二郎神"阿米木洪"原本是西域祆教神祇，这一想法又似乎并非是无据可依。作为中国古代神魔小说、民间说唱文学、戏曲神话中的著名形象，二郎神在民间信仰体系中的知名度颇高，尤其是在四川地区。《蜀都碎事》谓蜀人奉二郎神为川主，历代香火隆盛，自北宋以来就有"雄踞两川"的势头。今天我们一提到这尊额开三目、携犬伏魔、喜欢羊祭血食的战斗神，通常会立刻想起《西游记》中齐天大圣与灌口二郎神杨戬的那场著名的战斗。在《西游记》第六回"观音赴会问原因，小圣施威降大圣"中，观音保举玉皇大帝的外甥、"显圣二郎真君"下凡擒拿妖猴，这位道教小郎君伶牙俐齿，骁勇善战，把齐天大圣杀得团团转。有意思的是，在元明时期的《二郎神锁齐天大圣》、《二郎神醉射锁魔镜》、《灌口二郎斩健蛟》等话本杂剧中，二郎神也无一例外是道教神祇，元代《搜神广记》干脆称他为"清源妙道真君"。这些重重叠叠的道教色彩，掩盖了二郎神作为西域祆

二郎神｜

教神的原貌。事实上，三目、携犬、喜用羊祭的特征，都指明了这尊神祇的西北血源。

二郎神信仰的分布北起青海甘肃、南抵滇中，这正是被称作"藏彝走廊"的地区，古代一直是羌胡的活动范围。早在张骞出使西域之前，大夏（巴克特里亚）与蜀地之间就已经有了民间商贸往来；汉唐时期，昭武九姓的粟特商人因利所趋，往来侨寓行商，自青海—岷蜀古道南下，在成都平原形成了颇具规模的粟特聚落，当时成都西门外有大秦寺，专门供奉西域祆教神。又如《隋书·何妥传》记载川西郫县有何氏家族："（何）妥本为西域人也，父细胡，通商入蜀，遂家郫县。事梁武陵王纪，主知金帛，因致巨富，号为西州大贾。"随着粟特人的南下，火祆教信仰亦随之流布，藏彝走廊一线的二郎神崇拜正是这种信仰的遗痕。

元明清以来的小说、戏曲中，二郎神的形象都是额开天眼，手持三尖两刃枪，牵哮天犬，作三头六臂之变化。根据吴任臣《十国春秋》卷37《前蜀三·后主本纪》的记载，五代时前蜀主王衍出行之时，"披金甲、冠珠帽，执戈矢而行，旌旗戈甲，连亘百余里不绝，百姓望之，谓为灌口袄神。"对于当时蜀地百姓而言，灌口袄神一定是一个相当熟悉的神祇，所以才能见蜀主而想起与其装扮相类的灌口袄神来。这位丰采照人、高调出镜的蜀主，令人不禁想起袄教大神维施帕卡——在前面提到的片治肯特壁画中，维施帕卡三头六臂，身着铠甲，手持三叉戟，灌口袄神与维施帕卡的联系，可谓一目了然。

灌口的川主二郎神可能是源出西北火袄教，这一判断还有一个最为重要的证据，就是藏彝走廊地区在祭祀二郎神时普遍用到的羊祭。奉羊为牺牲，是粟特人袄教祭祀的古老传统。据吐鲁番出土文书二册《高昌章和五年取牛羊供祀帐》记载："羊一口，供祀清山神。次六月十六日，取屠儿胡羊一口供祀。"至少在五代时期，蜀中就已有火袄庙见诸史载，这一时期灌口地区也可能存在着以粟特人为主的胡人聚落。《朱子语类》描述了蜀人祭祀二郎神的盛况：

> 今逐年人户赛祭，杀数万来头羊，庙前积骨如山，州府亦得此一项税前利路。

南宋曾敏行《独醒杂志》卷5记载：

> 灌口二郎神乃祠李冰父子也。冰秦时守其地，有龙为孽，冰锁之于离堆之下。故蜀人德之，每岁用羊至四万余。

洪迈《夷坚志》亦载：

> 永康军崇德庙乃灌口神祠，爵封王，置监庙官。蜀人事之

甚谨，每时节献享。及因事有祈者，必宰羊，一岁至万口。当
神生日，郡人醵迎尽敬，官僚亦无不瞻谒者。

今天青海热贡地区的"六月会"上，还可以找到用羊祭祀二郎神的
风俗。据《青海同仁地区民间宗教信仰考察报告》称，杀活羊祭山神的
"燔羊祭"是整个热贡地区六月会期间的重要活动之一。在隆务村，
"六月会"常年以七只活羊为供祭，直到 1984 年，当地法师极力劝阻杀
牲血祭，才开始改用糌粑拌制七只羊为替代品。苏乎日村的"六月会"
到 1994 年还以四只羊作为祭祀二郎神"阿尼木洪"的牺牲。这些来自
田野考察的信息，与我们在古籍中看到的用羊祭祀川主二郎神的记载，
可谓是一脉相承。藏彝走廊沿线的粟特火祆教遗俗如同散落的珍珠一
般，自北而南地闪烁着零星的光芒。

至此我们或许可以回过头来重新审视敦煌"勢面图"了。它与热贡
"六月会"上"开红山"之间的关联，远远不是火祆教的单一因素能够
解释清楚的。的确，在火坛前行勢面仪，以求通达上天，这是粟特祆教
的典型仪式，不过也要考虑到氐羌族系沿藏彝走廊向南移动的问题。在
粟特商人沿青海古道南下之前数个世纪，氐人的南迁就已经开始了。三
目神盛行的地区，与氐人的活动区域是一致的，三目风俗扩散的范围，
也与氐人的迁徙路线大致重合。从陇南到川北、康藏一带，自古以来多
有三目神。在青海黄南藏族自治州尖扎县尕队村的"六月会"上，二郎
神的形象是青面獠牙，三目圆睁，头戴五方莲花帽，右手持宝剑，左手
持金元宝；周屯二郎神也是三目、红发、怀抱兵器；郭麻日村山神庙里
的二郎神像同样是三目，头戴文官双翅帽，身穿土族长袍。《邛崃县志》
卷 3 记载："蜀中古庙多蓝面神像，面上块垒如蚕，金色，头上额中有
纵目。"民国年间庄学本《嘉戎民族考察记》云其在嘉绒地区亲见有额中

嵌入一粒石头的康巴藏人;川西雅安地区的青衣神、岷江白马氏人祭祖的面具也都是三目。

　　早就听说敦煌是一个有着神奇气场的地方,身临其境,却让我产生了一种力所不能及的渺小感。我们走出洞窟,站在山下向上举目望去,密密麻麻的洞窟里,究竟隐藏了多少惊人的秘密,我永远无从知晓;几代学者为之献出了韶华岁月,敦煌却依然是一个谜。受职业训练而习以为常的那种求知的过程,事实上并不能帮助我融入这窟幽暗的涅槃图,所有那些关于佛陀入灭、从者哀悼的知识,都显得无力而啰嗦。我时常觉得,学术生涯虽然能满足求知的快乐,但求知的过程,却是一种以考证、类比和推论来取代直觉体验的过程,这不能不说是一种遗憾。久立于寂寂无声的洞窟中,我突然明白,学者之书触碰到的,也许只是真理的皮相,唯有直觉才能够捉住流动不定的真理内核,或者说,发端于直觉的漫想,才应当是把握真理的起点。

贝影寻踪

　　骄阳下的戈壁滩上散落着星星点点的夹砂红陶片，四野静寂。这里是甘肃民乐县六坝镇村东的一座叫作东灰山的小土丘，四千年前四坝人的生活聚落地。在东灰山遗址出土的器物中，贝显得相当引人注目。东灰山的贝分为两种，一种是闪蚬，产自中国的辽宁、陕西、湖北以及台湾；另一种是环贝，属腹足纲宝贝科，长约 20 毫米，宽 14 毫米，背部中间隆起，腹部平坦，壳口狭长微曲，有唇齿和黄褐色圈纹。这种贝壳

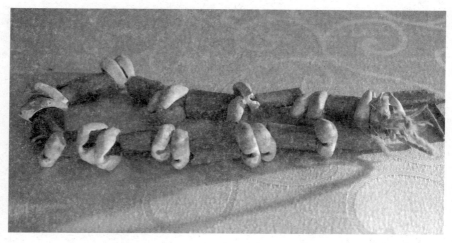

成串的贝 |

也称环纹货贝，产自孟加拉湾。除了东灰山之外，瓜州双塔村兔葫芦遗址也有五枚环纹贝出土（编号 ATA060~A064，长 22 毫米，宽 18 毫米）。

漫游在河西走廊的山水之间，常常在不经意间与海贝的踪影擦肩而过。令人费解的是，这里与印度洋之间相隔上万公里，如何总是见到海贝？

回沪之后，某日闲暇翻书，明人张志淳《南园漫录》卷 3 有"贝源"一条："云南用巴不用钱，巴即古之贝也，今士大夫以为夷俗，殊不知是前古之制，至周而行钱，故货贝每见于古书。"巴即是贝，文献中又写作𧵅、海𧵅、海八。张志淳是明正德年间人，他并没有解释滇中用贝为币为何是"前古之制"，在他所身处的时代，云南以海贝为主币，铜钱为辅币，奉行与中国其他地区完全不同的货币制度，他自然对"用巴不用钱"见惯不惊了。贝币制度似乎拥有一种超乎想象的坚韧生命力，甚至在蒙古人入主中原的两个世纪里，也始终是通行不衰。公元 1253 年，忽必烈的铁骑南渡金沙江，西爨白蛮段氏在云南建立的大理国随之覆灭。之后中央王朝厉行通货政策，在全国范围内统一币制，然而却独许云南用贝币，一直到明朝终结，海贝都是云南地方政府财政收支的主要支付方式。对此，历代文献记载颇丰，查继佐《罪惟录·钱法志》称"云南使巴不使钱"。《皇朝通考·钱币考》载"云南地多山矿，唐宋时，越在外服，元明时，有金银之课，而铜之开采尚少，且民间日用多以海𧵅，未尝用钱。"谢肇淛《滇略》卷 4《俗略》称"海内贸易皆用银钱，而滇中独用贝。贝又用小者，产于闽广，近则老挝诸海中，不远千里而捆致之，俗曰巴"。

从西北到西南，从商周到明清，海贝的踪影挥之不去。它不仅是货币，也是社会地位的标志和威信的象征；它在欧亚大陆上的神秘行踪和先后扮演的多重角色，远比我们想象的要复杂许多。商周时代，亚洲大陆东部沿海的贝，经由贸易、征伐和纳贡等多种渠道进入中原地区，并由此辐射到邻近的山西、内蒙古、安徽、江苏等地。随着河湟地区氏羌族系的南迁，海贝渐次南下到四川和云南北部地区；到了西汉，贝的南征时代业已结束，取而代之的是暹罗湾、交趾沿海和马来半岛的贝一路北行，在九世纪至十七世纪的云南环滇池沿岸，形成一个"用贝为币"的高峰，直到清朝初年方才始告消歇。

一、海贝南行

1. 中原地区

商周时期，海贝从中原辐射到四周，大致遵循两个方向，其一是经关中向西北，到达甘肃西部的玉门和青海东部的大通、贵德、乐都、湟源，其二是沿横断山走廊一路向西南传播，抵达四川南部和云南西北部。与空间上的巨大跨度相类似，海贝在东亚大陆上的漫游历史也相当长，从史前时代的仰韶文化、马家窑文化、齐家文化，到商周时代的卡约文化、四川三星堆文化和滇西青铜文化，都能见到海贝的踪影。

夏末商初之际（公元前 3700 年左右），黄河流域已开始用产自东海的海贝作为货币，这种海贝背部隆起，有蓝灰色圈纹，故又名紫贝。到商代中后期，贝币的流通范围已经蔓延至整个黄河流域的中下游地区。桓宽在《盐铁论·错币第四》中记载："弊与世易，夏后以玄贝，周人以紫石，后世或金钱刀布"，这从殷商墓葬材料中可以寻得证明。郑州市东南郊的二里岗遗址出土了大量海贝、陶石器和青铜器，年代约略为商代早期；商代中期的郑州白家庄墓葬出土贝币 460 枚，商代晚期的安阳殷墟遗址在 1928 年开始发掘之后的半个世纪里，更是陆续出土了数量巨大的海贝，例如在大司空村发掘的 165 座殷墓中，有 83 座出土贝，共计 234 枚。1959 年河南安阳市高楼庄后冈南坡上发现的商代晚期圆形人牲祭祀坑，坑内埋人骨共三层 73 具，下层 19 具人骨旁有骨笄和贝饰随葬品，数量多少不一，少者一枚，多者达三百余枚；上层发现青铜器、成堆的贝、谷物和烧焦的麻丝织物等。安阳的殷墟妇好墓出土8600 枚海贝，壳前端均琢一圆孔，经鉴定，这些货贝产于我国台湾、南海海域，它们在中原地区的出现，折射出商王朝的贸易网络已抵达南部沿海。河南偃师二里头遗址 48 座墓葬中出现了玉、贝和绿松石等物，发掘者推断这些物品不是本地所产，而是通过交换和贸易得来的。该遗址除了出土若干天然海贝外，还有仿海贝式样的骨贝、石贝出土。夏末商初的河南陕县七里铺遗址中，也出现了仿制的骨贝，这说明当时海贝可能已经供不应求，因此有了各类形式的替代品。不仅在殷墟商文化的核心地带如此，在那些比邻中原的商周遗存中，也有海贝出现，如山东济阳刘台子西周墓殉贝 77 枚；1965 年至 1966 年发掘的山东益都县苏埠屯的商代晚期大墓，殉贝更是多达 3990 枚。

2. 河西走廊地区

在距今约 5800 年的马家窑文化马家窑类型和半山类型中，有少量海贝出土，其后的卡约文化、寺洼文化、辛店文化和四坝文化中，用贝随葬的墓葬分布范围渐广。宁夏固原中河乡西周早期墓葬出土海贝 195枚；甘肃灵台什字公社饮马咀大队姚家河西周墓葬中，出土穿孔海贝18 枚，百里公社古城大队洞山西周墓葬、独店公社吊街大队西岭西周墓葬中，各出土穿孔海贝 2 枚；青海乐都柳湾马家窑文化马厂类型的墓葬中，出现海贝 15 枚，并伴有 6 枚仿制石贝；青海大通上孙家寨马家窑文化墓葬中也出现了海贝、蚌壳、骨珠等，尽管数量不多，但海贝的确是马家窑文化常见的物品之一。

公元前 2000 年至公元前 1530 年的齐家文化时期，甘青地区用贝殉葬和祭祀的情况明显增多，在甘肃玉门清泉乡火烧沟的齐家文化遗址发掘的 312 座墓葬中，海贝、蚌饰、玛瑙珠、绿松石珠伴随着铜器、金银器、玉器出土；又如甘肃民勤县沙井柳湖墩的东周青铜文化遗址，出土单耳、双耳夹砂粗红陶罐和圆鼓形筒状杯、石斧和带孔石刀等，并有铜器、骨器、金器和绿松石、贝壳、蚌珠类装饰品；1977年青海贵南尕马台发掘的齐家文化墓葬中，约有三分之一的墓葬中有海贝出

玉贝 |

土，数量少至几枚、十几枚，多则几十枚，甚至达百余枚。青海乐都柳湾齐家文化墓葬共出土海贝 26 枚；大通上孙家寨辛店文化墓葬出土了金贝、海贝、石贝、玛瑙珠与绿松石等。大致与商周时代同时期的卡约文化中，海贝、蚌壳等更是多见，除此以外还有骨贝、石贝、贝、金贝、玉贝，贝多有穿孔，出土地点如青海贵德山坪台、循化阿哈特拉山、湟源大华中庄墓地等等。

3. 川滇地区

沿着商周时就已存在的"氐羌道"，甘青地区的海贝渐次南下，进入西南地区的崇山峻岭之中。"氐羌道"以青海湖为中心，渡黄河向东南方，经大小榆谷，由洮河源头进入岷江流域，再经四川松潘沿岷江顺流而下，抵达蜀郡，即今天的四川成都。这条贯通南北的商路也是民族

迁徙的孔道，河湟地区的氐羌族系就是沿着这条道路进入蜀中，并沿岷江继续南行的，他们在岷江入长江处的犍为渡过长江，循秦五尺道，再往南进入云贵高原。

海贝向南旅行的道路与氐羌族系南迁的道路相吻合，这得到了考古材料的有力支持。在从印度阿萨姆邦到缅甸北部、云南洱海滇池的广阔区域内，考古学家已发掘出形状相似的有肩石斧和带柄手斧，这些石器和古羌人文化系统尤其是与甘肃西南部的齐家文化最接近。又如越南红河三角洲和泰国东北部出土的战国至秦时期的铁器、越南北部清化省的东山青铜文化遗址和广平省的汉墓中出土的铁器，有可能也是从蜀地临邛经滇中流入越南的。

四川西北地区的广汉三星堆遗址中，两个商代晚期的祭祀坑出土了数以千计的海贝，总共有四种类别，出土较多的是齿贝和环纹贝，前者背隆起，有紫红色或灰绿色斑点，贝呈卵型，有人工穿孔，后者有黄褐色斑点；虎斑贝出土较少，除此之外还有拟枣贝。1号坑青铜人头像K1：11出土时，在头像内清理出金虎形饰1件、石琮1件，海贝数百枚；2号祭祀坑坑内投放海贝近千枚，大部分有穿孔，多数盛放在青铜人头像、八鸟四牛尊和三鸟三羊尊中。从功能上来看，1号和2号坑都是蜀国举行大型仪典的祭祀坑，出土近千件器物皆为当时蜀国之重器，海贝位处其中，其功能自然也是关乎"祀"与"戎"。

四川南部的凉山普格小兴场瓦打洛遗址，在方位上比三星堆稍南，年代上稍晚。该遗址坐落于金沙江支流的黑水河上游，在现已冲毁的三座土坑墓中，发掘者共采集到海贝20枚，骨贝30枚，背部有穿孔和未穿孔两种类型。这些海贝和骨贝散落在墓内人头骨周围，伴出物有骨珠和骨环等物。

再往南，滇西北金沙江河谷的石棺葬文化带也有随葬海贝出土，如处在云南石鼓和巨甸中心点上的丽江格子遗址，它是氐羌族系的石棺葬文化遗存，1983 年在此发掘的两座残墓中出土少量海贝；滇西北的中甸尼西乡幸福村石棺葬的 43 座墓中出土了铜剑，单、双无耳罐，海贝和绿松石珠。

沿着横断山走廊一路南下到达滇西地区，我们可以在云南青铜文化中一睹海贝随葬的盛况。剑川鳌凤山墓葬的年代约为春秋中期至战国初年，在 1980 年发掘的两座墓葬中一共出土海贝 47 枚，其中 M81 出土 43 枚，底部均有磨孔；M155 出土 4 枚，无孔。这些贝整齐有序地排列在墓主人颈部，发掘简报称"当属装饰品"。该墓葬的文化内涵与四川西北部地区石棺葬乃至与铜石并用时期的甘青地区齐家文化有着某些渊源关系，例如从墓葬形式来看，甘肃武威皇娘娘台齐家文化墓葬 M48 中发现一男二女合葬墓，男性仰卧墓室正中，女性均侧身屈肢，分别面向男性，剑川鳌凤山 M20 棺内也有人骨三具，仰身直肢者为成年男性，侧身屈肢者二具均为成年女性，面向男性而卧。甘青齐家文化常见的仰身直肢、仰身屈肢、侧身屈肢、二次葬、合葬等葬式，在四川岷江上游、雅砻江流域、凉山西部地区的石棺葬文化（如丽江坝马鞍山、中甸尼西乡幸福村）和剑川鳌凤山青铜文化中都可见到。可见，春秋战国时期的滇西海贝文化与甘青氐羌族系的海贝文化呈现出某种程度的关联。

二、海贝北上

一千年之后，来自印度洋的海贝沿着"蜀身毒"道，一路向北，从印度阿萨姆邦途经上缅甸，进入今云南地区。从春秋末期至西汉中期，环滇池沿岸地区呈现出海贝文化的极度繁荣，昌盛的景象轰轰烈烈延续数百年，直到东汉中期方才稍事消歇。从蜀汉到唐代中叶，云南的海贝文化出现了一个空档期，到九世纪的南诏中叶，再次迎来一个高潮。

　　从年代上来看，云南海贝文化在西汉前期和南诏大理国的爆发性繁荣，与商周时期海贝南行的关系似乎不大，应当是另有源头。虽然我们在横断山走廊沿线的广汉三星堆、丽江格子石棺葬和剑川鳌凤山都发现了海贝的踪迹，但它们的断代是在商末周初，而环滇池地区墓葬用贝则是晚至战国末年至西汉初年，二者在时间上相距较远，因此，甘青河湟—三星堆—鳌凤山这一线的海贝文化直接影响滇池地区海贝文化的可能性并不大。

　　那么，西汉之后云南的海贝从哪里来？将视线转向南方，早在旧石器时代，中国西南地区就与缅、印存在某种文化传播和互动关系，我们应当将这一区域视作文化上彼此紧密依附的一个整体。在印度东北的阿萨姆、梅加拉亚、那加兰、曼尼普尔、孟加拉国、比哈尔、奥里萨、那格浦尔等地多处，都发现有肩石斧、石锛、长方形石斧、八字形石斧、长方形有孔石刀等典型的古越人器物，这一形制的石器在滇黔粤桂地区新石器时代的考古发现中，也是相当常见。越南北部永福省义立遗址发掘出土的多边形有领玉璧形器、石璧形器、A类灰坑等都与广汉三星堆文化相似；越南青铜时代东山文化出土的大量蜀式三角形援青铜戈可以在四川南部的凉山地区见到。根据《安南志略》的记载，蜀国王子"安阳王"南迁交趾建立"蜀朝"。这说明，先秦时期从四川经云南至中印半岛的交通线是畅通的，我们甚至可以将此视为一条贯通东亚大陆南部的弧形文化带，它的西端始自喜马拉雅山南麓及云南西部，经中南半岛、印度尼西亚、菲律宾群岛，直至东端的日本，典型民族学特征包括猎头、黥面、旱作的农耕祭仪、巨石崇拜、使用铜鼓和木鼓、干栏式建筑等等。云南是东南亚印度化国家的文化因素向北传布的第一站，海贝迤逦北上，星星点点地分布在由南到北的广阔区域之中，为我们提供了贯通这条弧形文化带的宝贵线索。

1. 滇国墓葬中的海贝

20 世纪 50 年代，云南地区的西汉古国"滇国"渐渐浮出历史的地表。在环滇池沿岸的丘陵地带，考古工作者清理出了累累的滇国墓葬，经过半个多世纪的发掘，古籍中言之不详的神秘滇国以一种渐渐清晰的姿态展现在世人面前。祥云、呈贡、石寨山和李家山墓葬出土了数量可观的各式青铜器，其中最令人惊叹的，当属大型的青铜贮贝器和铜鼓。这些巨大的青铜器器身高大华美，

晋宁石寨山出土海贝 ｜

纹饰繁缛，器盖部分铸有排场十足的祭典仪式，可谓古滇国族群构成与社会生活的直观写照。海贝就贮藏在这些青铜贮贝器和铜鼓中。

战国中期的呈贡天子庙 M41 古墓中出土两个青铜提桶，其中盛放着未磨孔的货贝 1500 枚；发掘于 1972 年江川李家山（春秋晚期—西汉初）出土贝 300 多公斤，共 11 万枚，均未磨孔，多数是成堆置放在墓主人头顶，每堆约 8000 枚；李家山 M17 和 M21 的贝则是存于筒形贮贝器中，M24 的贝放在两个相扣的铜鼓里。 中科院考古所对李家山 M21 出土的贝进行了碳十四测定，其年代距今 2500+105 年，即公元前 550+105 年，约略相当于春秋晚期或战国初期；晋宁石寨山滇王墓更是出土了数量惊人的海贝，历经四次发掘（1955 年—1960 年），在 50 座墓葬中的 17 座

里发掘出的海贝总计 400 多公斤，约 16 万枚，均未磨孔，多数盛放在筒形贮贝器、鼓形贮贝器或铜鼓中，每座墓的出土海贝量都超过 1 万枚，其中一些大型墓还要更多，如 M17 的两个贮贝器就有约 15000 枚贝；M1 和 M6 各有 4 个贮贝器，各有贝 25000 枚，M13 的 5 个贮贝器和 1 个铜鼓中盛放 35000 枚。

从种类上来看，滇国墓葬中出土的海贝为环贝，呈卵圆形，背部隆起并有黄褐色环纹，中间有带齿沟槽，产地是印度洋。石寨山海贝的踪迹暗示了一条南部商贸通道的存在，滇中乃至蜀地与身毒（今印度）民间商贸往来的历史，要远远早于这条商贸路线进入汉文世界的时间。

汉使张骞的西域之行（公元前 138 年—公元前 126 年）有一个意外收获，就是发现了途经中国西南到身毒的道路。在中亚的大夏，张骞见到有产自西南地区的蜀布、筇竹和枸杞酱出售（"见邛杖蜀布。问曰：安得此？大夏国人曰：吾贾人往市之身毒"）。根据张骞的推测，"身毒在大夏东南可数千里，其俗土著，大与大夏同，而卑湿暑热云，其人民乘象以战。其国临大水焉，以骞度之，大夏去汉万二千里，居汉西南，今身毒国又居大夏东南数千里，有蜀物，此其去蜀不远矣。"他建议朝廷打通这一条西通身毒之道，以此作为包抄北部匈奴的捷径："今使大夏，从羌中，险，羌人恶之；少北，则为匈奴所得；从蜀宜径，又无寇。"西汉元狩元年（公元前 122 年），张骞为探求这条商道亲临云南，却被当时的滇王尝羌所阻："至滇，滇王尝羌乃留，为求道西十余辈。岁余，皆闭昆明"；《史记·大宛列传》亦说，这条西通身毒之道上的主要阻碍是西洱河地区"随畜迁徙"的昆明人（又作"昆弥"）："昆明之属无君长，善寇盗，辄杀略汉使，终莫能通。"汉使在滇国受幽闭之辱，汉武帝听说后"怒其出言不逊"，遂在王畿一带开凿昆明池，令军士习水战，为南征滇中做准备。《汉书·武帝纪》："发谪吏穿昆明池"，注引臣瓒云

"有越嶲、昆明国，有滇池方三百里，汉使求身毒国，而为昆明所闭，今欲伐之"，说的就是这件事。

尽管汉武帝的四次遣使都没能够打通从滇中南抵身毒的道路，但是朝廷获悉了蜀地商人（"蜀贾奸"）在昆明西边的滇越国从事互市贸易的消息。西汉元封二年（公元前 109 年），武帝兴兵伐滇，汉军压境，滇王被迫出降。在此之后，武帝设益州郡，下辖云南（今祥云）、叶榆（今大理洱源）、邪龙（今巍山）、比苏（今云龙）四县，正式将环滇池沿岸的领土收归汉家王朝所有。到东汉永平十二年，哀牢王柳貌遣子率种人内附，朝廷在云南西部设置永昌郡，从滇中南通天竺的通道较以前更为畅通了（事见《后汉书·南蛮西南夷列传·哀牢传》）；再到东汉延熹年间（159 年—167 年），来华朝觐的天竺国使臣放弃了从西域（安息国、疏勒国）进入中原腹地的传统路线，转而取南方海路，经过日南郡（日南郡曾为"交州七郡"之一，今在越南北部）来汉朝进献象牙、犀角、瑇瑁等贡品，《后汉书·天竺传》对此有记载："和帝时（天竺）数遣使贡献，后西域反叛，乃绝。至桓帝延熹二年、四年，频从日南徼外来献。"蜀身毒道的南段在此之后成为中原与东南半岛国家往来联系的最重要通道。

滇国的中小型墓葬中不见出土贝，而晋宁石寨山、江川李家山这类王侯级大墓中出土的贝又是盛放在青铜礼器中的，可见海贝在古滇社会中并不是作为日常使用的物品流通，而很可能是滇国贵族在财富、身份与社会地位上的象征。在这里，我们就不能不提到盛贝的青铜贮贝器。云南出土的青铜贮贝器，见诸记录的有 39 件，其中桶形器 3 件、细腰筒形器（包括有虎耳者）25 件，铜鼓形器 9 件，异形器 2 件，另外还有11 件铜鼓也盛贝。

贮贝器在滇国墓葬中常常与铜鼓并存，有明显的"重器"的特质，尤其是后期的贮贝器器盖上多有铸造群像的大型作品，人物众多，场面

| 石寨山青铜贮贝器

复杂。硕大的青铜器上伫立的群雕展示了"国之大事，在祀与戎"的场面，器身满缠繁缛的纹饰，腹中盛放着从南部海疆远道而来的珍贵贝壳，这一切都在向我们昭示着滇王权力的无远弗届。尽管青铜时代滇国的海贝可能并不是作为正式货币用于流通，然而它毫无疑问是社会地位的标志和某种威信的象征，也可能是不同社会的精英之间专门用来交换的神圣礼物。

青铜贮贝器是一种典型的滇式器物，它在滇王墓葬中的出现，代表着一种地方传统的顽强延续。不过贮贝器的繁荣期并不长，约自公元前175年到公元前82年（汉昭帝始元五年）。这一年王平、田广明"大破益州，斩首五万余级，获畜产十余万"，此次战役标志着滇国国力开始步入衰微，在此之后，墓葬出土汉式器物（如铜镜、香炉、宫灯）的数量有显著增加。考古材料揭示出的一个显著现象是，西汉以后，环滇池沿岸的滇国墓葬中基本上不再有海贝出土，仿佛从这个时候开始，海贝贸易突然中断了。这个中断与青铜贮贝器的衰落几乎是同步发生的，很有可能是在"汉家势力"的节节逼近下，滇国走向式微的结果。

2. 南诏大理国的海贝

八百年之后，随着南诏国的崛起，海贝再一次出现在云南的土地上。南诏（738年—1254年）是由氐羌系的东爨乌蛮建立的地方政权，自唐至宋，横亘于中国的西南边疆，与中央王朝时有分合。据云南本地乡邦文献《记古滇说集》的记载，南诏国第三代君主皮罗阁受唐册封为"云南王"之后，西面和南面的小国纷纷来附。

> 缅、暹罗、大秦，此皆西通之国；交趾、八百、真腊、占城、挝国，此皆南通之国，俱以奇珍、金宝、盐、锦、毡布、砗磲、巴贝岁贡于王，不缺，于是国渐有昌也。

在八九世纪，南诏国力臻于极盛，雄踞亚洲东南部，为第一大国。据《新唐书》卷221《南诏传》，其国土辖境辽阔，

> 东距爨（滇东与黔西接壤处），东南属交趾（今越南北部），西摩伽陀（今印度比哈尔邦），西北与吐蕃接，南女王（今泰国北部南奔府），西南骠（今缅甸中部），北抵益州（大渡河以南区域），东北际黔、巫（黔北与川南接壤处）。

九世纪中叶，南诏国推行"去唐化"的外交政策，西与吐蕃结盟，在世隆和隆舜两位君主时期，成长为一个独立于中央政权、面向东南亚积极拓展势力的"南方佛国"。同时期中原地区的货币制度是并用缯帛与铜钱，南诏则是并用缯帛与贝。《新唐书》卷221《南诏传》称"（南诏）以缯帛及贝市易。贝者大若指，十六枚为一觅"。云南地方用贝作币的传统在十一世纪中原出现纸币之后也未曾停止。宋代《政和证类本草》卷22引《海药》"贝子"条称："云南极多，用为钱货交易。"考古材料也显示，用贝殉葬的习俗至宋元时期依旧在云南通行不衰，如1980年

在曲靖珠街八塔台唐代晚期的火葬墓中发现了一些随葬贝；1976 年维修大理千寻塔时，从塔顶清理出大理国末年的海贝 38000 余枚。

说到南诏大理国使用贝币的传统，海贝北上进入云南的路线是一个很关键的问题。根据方国瑜先生的考证，古代中印两国之交通线约有三条，一自葱岭，一自南海，一自滇蜀。葱岭南海之道远，滇蜀之道近，中印文化之最初交通当由滇蜀道，年代不晚于战国时。这条连通印度、缅甸、云南和四川的古道又称蜀身毒道，是南诏大理国与东南亚地区通商往来的主要陆上通道。它在云南境内始自叶榆（今大理），经永昌（今保山）、诸葛城（今龙陵）、腾冲，之后经过卑谬（Prome，即骠城，古缅甸国都城），翻越阿拉干山脉到达东印度阿萨姆邦的迦摩缕波（中文史籍作"盘越国"，今印度曼尼普尔），再往西北渡过迦罗都河至奔那伐檀那国（今布拉马普特拉河中下游），由此再向西南至中天竺国东境恒河南岸的羯朱罗国（今孟加拉国）最终到达天竺摩羯陀。九世纪贾耽所著的《皇华四达记》将这条自羊苴咩（今大理）至天竺的道路称为"安南天竺道"，此书今已佚，不过有赖《新唐书·地理志》的转载，我们还可以追踪贾耽从边州入四夷的行踪。

> 自羊苴咩西至永昌故郡三百里，又西渡怒江，至诸葛亮城二百里，又南至乐城二百里，又入骠国境……一路自诸葛亮城西去腾充城二百里，又西至弥城，又西过山二百里至丽水城，乃西渡丽水、龙泉水二百里至安西城，乃西渡弥诺江水千里，至大秦婆罗门国。

七世纪西行求法的玄奘和义净也提到了这条商道。《大唐西域记》卷 10 "迦摩缕波国"条称："此国东，山埠连接，无大国都，境接西南夷，故其人类蛮僚矣。详问土俗，可两月行入蜀西南之境”；《南海寄归内法传》序注曰：“从那烂陀东行五百驿，皆名东裔，乃至尽穷，有大黑山，计当吐蕃南畔。传曰，蜀川西南行可一月余，便达斯岭。”安南交州是隋唐时期海上交通的重要枢纽，李肇《国史补》下卷称“南海舶，外国船也，每岁至安南、广州，狮子国舶最大也”。这在《旧唐书》卷41《地理志四》“安南都护府”条里的记载：

> （隋）炀帝改为交趾，刺史治龙编，交州都护制诸蛮。其南海诸国，大抵在交州南及西南，居大海中州上，相去或三五百里，三五千里，远者二三万里。乘舶举帆，道里不可详知。自汉武已来朝贡，必由交趾之道。

这条连接海上交通与陆上交通的道路蜿蜒曲折，一路向南连接许多部落城邦，沿印度、缅甸沿海北行，绕马六甲海峡从安南的交趾登陆，然后沿红河水道迂回北上，至滇中重镇安宁，然后再抵达叶榆、晋宁和拓东城(今昆明)。这正是海贝北行的路线。在十九世纪之前，印度洋的马尔代夫群岛是全世界最大的贝币生产基地，产自这里的环贝被运往印度的孟加拉地区，再到紧邻孟加拉湾的缅甸、暹罗、老挝、马达班和阿拉干等地。在云南与东南亚地区的多边贸易中，充作一般等价物的有金、银、盐和棉布等，但这些物品的流通多数受到一时一地的限制，相比之下，海贝则是一种跨地区普遍使用的商品交换媒介。

一直到元明两代，云南都是运行铜钱与贝币的双轨币制，以贝币为主，铜钱为辅，诸如秋粮的折纳、里甲站役差发、与商业交易有关的商税、市肆、酒课以及地方政府的开支，都是以海贝折纳。《大明一统志》卷86《云南府风俗》称“交易用贝，俗呼作𧴩，王租赋亦用之”；《皇朝通考·钱币考》载"云南地多山矿，唐宋时，越在外服，元明有金银之课，而铜之开采尚少，且民间日用多以海巴，而未尝用钱"；《明史·食货志》称，"洪武十七年，诏许云南以金银、海贻、布、漆、朱砂、水银折纳秋粮"；《英宗实录》："正统二年十月辛未，行在户部奏，云南系极边之地，官员俸除折钞外，宜给海巴、布绢、缎匹等物。今南京库存海巴数多，若本司缺支，宜令具奏差人开发，从之。"云南本地文献如《腾越州志》记载当时"海贝一索值银六厘，而市小物可得数十种，故夷民便之"。宋元明三代的墓葬中，常有贝作为陪葬，如 20 世纪中叶在剑川、鹤庆、洱源、邓川、下关、宾川、巍山、楚雄等地发掘的宋元火葬墓中，就有不少随葬贝币，贝币穿孔贯索，八十枚为一"索"，犹如铜钱称作"贯"；现存的功德碑和常住记碑记载了元代用贝币捐功德或者购买田产，如元至正二十九年（1369 年）的《晋宁盘龙庵常住记碑》。尽管自嘉靖三十四年开始，明廷"屡开云南诸处铜场"，到万历末年公私铜矿已有十九所之多，但是民间却用贝如故，铜钱几乎不能通行，万历八年（1580 年），朝廷只好把铸成铜钱运到云南以外的贵州充作兵饷，关停铸局了事。

正是因为物以稀为贵，远道而来的海贝自中古时期以来就被用作贵重装饰品。唐人樊绰《蛮书》卷 8 称滇中一带"妇人发髻多缀真珠、金贝、瑟瑟、琥珀"，卷 4 称"望外喻部落，妇人联贯珂贝、巴齿、真珠、斜络其身数十道"；《新唐书·南诏传》说南诏妇女"以两股辫为发髻，耳缀珠贝、瑟瑟、虎魄"。范成大《桂海虞衡志·志器》提到用海贝装饰胄甲的风俗："蛮甲，惟大理最工，甲胄皆用象皮……又以小白贝累累骆甲缝及装兜鍪，疑犹传古贝胄朱绶遗制云。"《太平御览》卷 942 引韦齐休《云南记》："新安蛮，妇人于耳上悬金环子，联贯瑟瑟帖于髻侧，又绕腰以螺蛤联穿系之，谓之珂珮。"清初"废贝行钱"之后，海贝退出货币流通领域，然而它作为装饰品的功能却依旧留存。在清代云南地方志中，屡有提及本地"种人"佩戴海贝之俗，如乾隆《易门县志·种人》卷6："窝泥，男女跣足，妇以红白带编发数绺，海贝杂珠盘旋为螺髻"；光绪《云龙州志》记载傈僳族"女人剃发戴海玑小帽"；金齿摆夷"妇女去眉睫，不施脂粉，发分两发髻，衣之锦衣，联缀珂贝为饰"；布朗族"（妇人）腰系海蚆，手戴铜钏，耳有重环"。《云南通志·南蛮志》称景东地区的罗婆"女大耳圈，着短衣裙，用密褶垂襦于边，用铜钏以宽布袱缀海蚆覆其首"。宣威一带的黑夷"妇女辫发盘于头，皂布缠之，饰以海贝，垂两端于后"。楚雄一带的蒲人妇女"挽髻脑后，头戴青绿珠，以花布围腰为裙，上系海贝数十围"。

海贝在云南作为货币使用的历史，一直到明万历至天启、崇祯年间方才告终。个中原因自然是相当复杂的，但若以长时段的历史眼光来看，这不仅与近代中国经济格局的变迁有关，更是中国被卷入世界经济体系的直接后果之一。

明代中期以来，官府曾三次在云南铸铜钱；南明永历元年，大西军进入云南之后的十余年间，在省城和下关设立十八座炼铜炉，铸"大顺通宝"，致使"银－贝"比值急剧下降，根据《续文献通考》卷11的记载，万历末年"一索（贝）仅值银六厘"，换算过来，一文铜钱可兑换26枚海贝，而一钱白银可兑换130枚海贝。南明永历年间，苏州人黄向坚不远千里来滇寻亲，他在《寻亲纪程》一书中，随意地记录了"滇俗用海蚆，今皆毁去"的现象，为今人提供了追索明末清初云南贝币制度变迁的重要信息。清代以来的各种方志对此也有不少相关记载，如康熙《云南通志》记载："市中贸易，昔多用贝，俗称呗子，至明天启、崇祯间，贵银钱，呗遂滞不行，本朝钱法流通，民称便宜，久不用贝。"雍正《云南通志·风俗》："昔多用贝，俗名曰呗子……天启以后银贵妣贱，遂滞不行。"

在整个明代，中国经济格局都处于一个持续性的"白银货币化"的过程之中，对白银的巨大渴求似乎永无满足。位于这一供求关系另一端的是世界范围内的白银流动。根据杨斌的研究，十六世纪三十年代，日本西部发现了大量白银矿藏，借助中日民间贸易的渠道流入中国；除此以外，西班牙人对秘鲁和墨西哥的大肆劫掠，使得大量金银流向欧洲，这些来自美洲的贵重金属又经过丝绸、瓷器和茶叶的奢侈品贸易网络，源源不断地进入中国。到十七世纪上半叶的明天启和崇祯朝，中国的白银年进口量达到 116 吨，至少是国内银矿产量的 20 倍。如同新鲜血液输入肌体后必然会引起一系列连锁反应，环印度洋和东北亚贸易网络中的白银在进入中国市场后，不可避免地加速了明代中叶中国商品经济化和市场化的进程。在此浪潮席卷之下，单个价值含量较低、数量巨大、脆薄易损耗的贝币无法满足市场的需求，相对价值更高的等价物（如白银和铜钱）必然会取而代之，这样一来，贝币的崩溃就只是一个时间的问题了。清初统一云南之后，中央政府在全国范围内厉行钱法，以铜钱取代贝币，正式废贝行钱，海贝在云南用作货币的历史，就此宣告终结。

九到十七世纪的云南在经济关系上隶属于印度洋贸易体系，这一时期正逢现代世界经济体系在东南亚地区逐渐建立，并对当地原有的贸易网络造成重磅冲击。从这个角度来看，海贝北行的历史终止于明末清初，只是这一全球化过程带给云南的一个出人意料的结果。

凌纯声先生在《南洋土著与中国古代百越民族》中曾讲到，中国历史在秦以前是"东西之争"，秦以后则转变为"南北之争"。北方华夏民族"其人强悍"，是孔子所说的"北方之强"，他们代表着一种大陆文化，或称金玉文化；南方百越民族"其人柔顺"，是孔子所说的"南方之强"，代表的是一种海洋文化，或称珠贝文化。明清易代之际，"天朝"

之外的广阔世界开始浮现出地平线，世界范围内的白银流动为中国本土的"金玉文化"注入了新的内涵。中国境内使用海贝的传统在 17 世纪宣告终结，海贝的踪影自此淡出历史舞台，也许正是金玉文化全面征服珠贝文化的一个注脚吧。

有翼兽与斯基泰艺术

在甘肃省张掖市山丹县的路易·艾黎博物馆中，陈列着一批春秋末年到战国初年的匈奴人文物，它们是艾黎在漫游西北的途中一点一滴搜集来的。小饰物如羊形饰件、羊形饰片、虎形饰件、驼形饰件、鸟形饰件以及方形、圆形扣饰等，其造型、风格、工艺水平与内蒙古阿鲁柴登匈奴墓出土的饰物十分近似；部分雕塑饰物如虎形饰物、羊形饰物、大角鹿形饰物、立式交腿马、卧式骆驼等，则具有玉隆太、机速沟匈奴墓出土的铜饰物的特点。

一件有翼兽铜带钩吸引了我的注意。这枚带钩长宽不过数厘米，中空的边框中塑有一只猴首狮身、背有飞翼的动物，显然与带有北方游牧民族文化图案特征的斯基泰—西伯利亚系的物品相类似。带钩又称"师比"、"犀毗"，

| 有翼兽铜带钩（山丹县路易·艾黎博物馆）

石寨山出土的鎏金双人盘舞铜扣饰 ｜

石寨山出土有翼兽带钩 ｜

安装在丝带或甲胄两头，既能加固带端，又能起到装饰作用。颜师古在《汉书》卷94上《匈奴传》中为其作注："犀毗，胡带之钩也，亦曰鲜卑，亦谓师比，总一物也。"在汉代，带钩风行一时，以至于有"宾客满堂，视钩各异"的俗语。它原本是西域民族用来系扣腰带或胸甲的小配饰，后来为中原地区的贵族王公所喜好，成为一种特别的礼物和工艺品，其材质除金、银、铜、铁外，玉质、骨质和象牙带钩都有发现。

有翼兽带钩也出现在距离此地千里之遥的云南晋宁。晋宁石寨山七号汉墓出土了一只盾牌形银错金带钩，扣面浮雕带翼飞虎，右前爪持"三珠树"，翘尾昂首，双目嵌有黄色透明琉璃珠，虎体错有薄金片，并镶嵌绿松石。虎身后作山石或云气缠绕之状，带钩长10厘米，前宽6.1厘米，后宽4.2厘米。1959年的《云南晋宁石寨山古墓群发掘报告》称："此扣上的飞虎，作风和汉代铜器上的铺首及石刻中的狮虎等不同，而与古代希腊的所谓'亚述式'翼兽颇为近似，因此我们怀疑它可能是经波斯、大夏等国输入西南夷的。"很明显，在器物上嵌错宝石和黄金片的有翼兽图案，无论就其艺术构思还是形象特征来说，都是来自西域，这可能与袄教经典《阿维斯塔》中的有翼犬神森莫夫和有翼马神波斯加有关，也可能与一位名叫"格里芬"(Griffin)的神祇有关，它在公元前六世纪至公元六世纪这段时间内，流行于波斯、中亚和欧亚草原。居住在小亚细亚东部的乌拉尔图民族（公元前七世纪末被入侵的斯基泰人所灭），他们的青铜工艺非常发达，最有代表性的作品就是嵌错各种宝石和金属片的有翼兽铸像。有翼兽初传中国的时间，从考古出土材料来看，可以上溯到春秋战国及西汉晚期。

那么，是谁把北亚的斯基泰文化中的有翼兽形象带到了遥远的中国西南边疆？

这些在不经意间传递文化火种的，很有可能是沿河湟—横断山走廊南下的塞种人的后裔，也就是在文献中被称为"昆明人"的乌蛮群体。石寨山十三号墓出土的鎏金双人盘舞铜扣饰（高12厘米，宽18.5厘米）

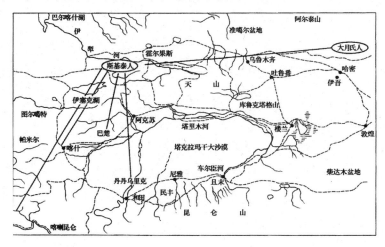

| 塞人的南迁路线

上，两位高鼻深目、身着左衽小袖胡服的男性，腰佩长剑，手执双盘，足踏蛇，作舞蹈状，可谓是滇国塞人的写照。

关于塞人起源的地点，至今尚无定论，我们只知道在公元前八世纪前后，塞人逐渐现身于欧亚草原的腹地，并在一百年之后，以"萨迦"之名见载于希腊史籍。希罗多德所著《历史》一书中记载了居鲁士二世（Cyrus II，公元前 558 年—公元前 529 年）亲征萨迦人、巴克特里亚人和埃及人的事情。这里提到的伊犁河流域的"萨迦"就是古波斯语所称呼的斯基泰人。希罗多德在书中说，居住在亚细亚的游牧斯基泰人在对马萨革太人的战争中失利，遂越过土耳其东部的阿拉斯河，逃到辛梅里安人的土地上去。他更进一步描绘了塞人的外貌："塞人是斯基泰部落，他们头戴高耸的尖顶厚毡帽，穿着裤子，有当地产的弓、短剑和特殊的钺"；又据阿里安《亚历山大远征记》，大流士（Darius III，公元前 336 年—公元前 330 年）的部队得到了索格狄亚那人、巴克特里亚人和"居住在亚洲的 Scythia 人当中的一个叫 Sakā 的部族"的支持。"Sakā"这个名字曾三次出现在大流士一世（公元前 521—公元前 486 年）的 Behistam 碑铭中；普林尼在《自然史》中提到，"（锡尔河）对面是若干斯基泰部族，波斯人将这些离波斯最近的部族一概称为 Sacae。"法国学者勒内·格鲁塞在所著《草原帝国》一书中指出，不同地区的居民对于塞人的称谓是相当复杂的，"希腊人称之为'斯基泰'，亚述人称之为阿息库兹人，波斯人和印度人称之为'萨迦'。"到公元前三世纪，黑海北岸的塞人逐渐融入萨尔马提亚人当中。相较于那些在欧亚大陆西部的塞人而言，活动于欧亚大陆东部的塞种似乎更加活跃。

考诸中国史籍，"塞种"这个词出现在《汉书》卷96《西域传》"乌孙国"条：

（乌孙）东与匈奴、西北与康居、西与大宛、南与城郭诸国相接，本塞地也。大月氏西破走塞王，塞王南越县度，大月氏居其地。后乌孙昆莫击破大月氏，大月氏徙，西臣大夏，而乌孙昆莫居之，故乌孙民有塞种、大月氏种云……昆莫有十余子，中子大禄强，善将，将众万余骑别居，大禄兄太子，太子有子曰岑陬……昆莫死，岑陬代立。岑陬者，官号也，名军须靡。昆莫，王号也，名猎骄靡……立岑陬子泥靡，代为昆弥，号狂王。

根据这段文字的记载，所谓"昆莫"，是乌孙人的王号，后来也写成"昆弥"、"昆明"。《汉书•匈奴传》有"周伯昌伐犬夷"之句，颜师古注："犬夷即犬戎也，曰昆夷，昆字或作混又作绲……昆、绲、犬声相近耳，亦曰犬戎也。"这样说来，犬戎就是昆夷，《诗经》中记载的周文王时期的"混夷"、秦穆公时期的"绲戎"，都是瓜州一带的塞种。《尚书大传》云："文王受命四年，伐犬夷"，注云"犬夷，混夷也"；《史记•匈奴传》云："周西伯昌，伐犬夷"，索隐云："即昆夷也"，点明了"昆明"与塞种的关系。

据《汉书•西域传》"罽宾国"条的记载，公元前177年，匈奴攻破大月氏，"大月氏西君大夏，而塞王南君罽宾，塞种分散，往往为数国。自疏勒以西北，休循、捐毒之属，皆故塞种也。"同书卷61《张骞李广利传》也记载"时月氏已为匈奴所破，西击塞王，塞王南走远徙，月氏居其地"。由此可知，在《汉书•西域传》所记录的年代，天山北路伊犁河流域、西南经帕米尔高原到克什米尔的罽宾，已经不复为塞人所占有了，乌孙人取而代之，成为这一片土地的主人，而塞人则受到西迁的大月氏迫逐，迁出伊犁河、楚河流域，来到葱岭以南，散布繁衍，一部分居住于锡尔河北岸，嗣后入侵大夏；另一部分则南下帕米尔地区，并向东蔓延至塔里木盆地的绿洲地带，并在兴都库什山（今阿富汗喀布尔地区）的河谷一带建立了罽宾、休循和捐毒这三个小国。《汉书·西域传》称休循国"民俗衣服类乌孙，因畜随水草"；称捐毒国"王治衍敦谷……衣服类乌孙，随水草，依葱岭本塞种也"。经岑仲勉等人考证，休顿国的位置是在帕米尔山脉中，捐毒则是位于塔什库尔干地区。在波斯的阿契梅尼德（Achaemenid）王朝时期，亚洲平原中部的大部分地区都被塞人所控制，他们分散迁徙，其中也有向南沿横断山河谷进入当时尚未被秦汉王朝所控制的云南西部地区，这是史籍所称的"昆明人"。

这就可以解释为什么昆莫、昆弥、昆明会在云南被用作社会群体的名称和地名。《太平寰宇记·四夷激外南蛮》提到滇池一带的昆明人与北方大月氏种和塞种的联系：

> 昆弥国一名昆明，西南夷也，在爨（cuàn）之西，西洱河为界，即叶榆河，其俗与突厥略同，相传云与匈奴本兄弟国也。

杜佑《通典》卷 187 亦云：

> 昆弥国，一曰昆明，西南夷也。在爨之西，西洱河为界，即叶榆河，其俗与突厥略同，相传云，与匈奴本是兄弟国也。汉武帝得其地入益州部，其后复绝，诸葛亮定南中亦所不至。大唐武德四年（621 年），巂州治中吉弘伟使南宁，因至其国谕之。

与"昆明人"有关的信息，在传世文献中零散而稀少，幸运的是，

| 石寨山青铜器

我们可以借助云南本地大量的物质文化遗存来还原这支古老人群的面貌。石寨山文化是云南滇池周边及东北部地区由青铜过渡至铁器时代的考古学文化，根据晋宁县石寨山遗址而得名。我们对滇文化的认识，几乎都来自石寨山滇国墓葬出土的实物，其中最为典型的是晋宁石寨山6号"滇王墓"和江川李家山墓出土的大量青铜器。这些青铜器的器身刻绘着精美而繁缛的纹饰，一些器身上还铸有立体造像，展现了规模宏大的祭祀、战争场景以及牲畜与房屋的写实模型，这给后人研究滇国的社会经济、信仰体系、风俗习惯和族群构成，提供了宝贵而丰富的视觉材料。

这些美丽青铜器的主人是一千多年前雄踞此地的滇国国王。两汉之际，濮僚族系在环滇池沿岸兴起，征服其他民族并建立国家，其核心是一个包罗了诸多地方性部族的类国家组织。晋宁是古滇人活动的中心地带，西汉王朝于元封二年(公元前109年)在此设益州郡，复长其民，并赐滇王金印。自 20 世纪中叶以来，考古工作者在滇池东岸和抚仙湖西岸陆续发掘了晋宁石寨山、江川李家山、呈贡天子庙、石碑村、安宁太极山和官渡羊甫头、昆明大团山等二十多处墓葬，这一墓葬群在空间上以滇池为中心环绕分布，东至曲靖，西抵安宁，南至元江，北达普车河。根据墓制葬式、随葬物品的器形与纹饰以及碳十四年代测定的数据来看，石寨山滇国文化的鼎盛阶段处于公元前四世纪至公元前二世纪后期，即战国至西汉末叶，在类型上大致可分为东部"滇池类型"和西部"滇西类型"两类。

对于滇文化的族属问题，学界目前仍有分歧，大致可分为羌、僰（bó）、濮、越等不同的意见。滇池地区是百越、百濮和氐羌三大上古族群交汇杂处的边缘地带，这使得滇池文化体呈现出一种混融的内涵，它除了受到越、巴蜀、楚文化影响之外，考古器物中还可见到南亚元素（例如玛瑙串珠和金银器饰物）、中原汉文化元素（例如铜镜、铜鼎、五铢钱等"华夏式器物"）和北方塞人的斯基泰文化的元素（如有翼兽铜饰牌）。假如要探寻中国西南与北方游牧文化的关联，那么首先就应该从这支善于迁徙的"昆明人"入手。

在古滇国时期，石寨山墓群所在的晋宁地区是乌蛮与白蛮两族接触混居之地。这里的白蛮是以农耕为主的平原定居民族，而乌蛮则通常属于藏缅语族的山地流动民族，他们保持着游牧生活方式，从滇西的山岳地带到洱海周边的平原地带，都有乌蛮的分布。这种根据生计模式来划定族群边界的分类方式，早在西汉就已出现。司马迁在《史记·西南夷列传》中，就以客观文化特征和经济模式为标准，将滇西北高原上的民族划为两大类，其一为"随处迁徙，毋常处，毋君长"的氐羌系游牧民族，以昆明和嶲为代表；其二为夜郎、靡莫、滇、邛都这类农耕部落（"耕田有邑聚"）。

西南夷君长以什数，夜郎最大；其西靡莫之属以什数，滇最大；自滇以北君长以什数，邛都最大：此皆魋结，耕田有邑聚。其外西自同师以东，北至楪榆，名为嶲、昆明，皆编发，随畜迁徙，毋常处，毋君长，地方可数千里。自嶲以东北，君长以什数，徙、筰都最大；自筰以东北，君长以什数，冉駹最大。其俗或士箸，或移徙，在蜀之西。自冉駹以东北，君长以什数，白马最大，皆氐类也。此皆巴蜀西南外蛮夷也。

这里提到的与塞种有关的人群有两支，其一是"昆明"，在汉代又称为"昆弥"，两者同音异写，《新唐书·南蛮传》云："昆弥，即汉之昆明也"，因其居住西洱河地区，以地望而得名（西洱河又名叶榆河，即今日大理洱海），又称"洱河蛮"、"河蛮"，唐代以后称作"乌蛮"。其二是"嶲"，即"越嶲羌"，《后汉书·西羌传》云"越嶲羌"是西羌之"旄牛种"，分布在同师（今保山）以东，楪榆（今大理）以北的地区，在滇池周边也有居处。《汉书·武帝纪》元狩三年注引"臣瓒云：越嶲、昆明国，有滇池方三百里"。《新唐书·南蛮传》云："爨蛮西，有昆明蛮，一曰昆弥……人辫首、左衽，与突厥同。随水草畜牧。"倪蜕《滇云历年传》云："昆明，地在今之丽江通安州一带"，《汉书》臣瓒注称昆明为"越嶲昆明国"，《旧唐书》卷41《地理志》："汉定筰县，属越嶲郡，后周置定筰镇，武德二年，镇为昆明县，盖南接昆明之地故也。"《史记·西南夷列传》"嶲"下引徐广云"永昌有嶲唐县"，"嶲"与"塞"同音通假，"嶲人"就是"塞人"。

以晋宁石寨山为代表的大量考古资料显示，在云南青铜文化的早期（公元前十二世纪），昆明人就在澜沧江、怒江沿岸水草丰美的河谷地区频繁活动，他们经营畜牧业，不时劫扰平原地带的定居民族"滇人"。昆明人的典型器物是用作炊具的双耳鼓腹陶罐，这一器形所适应的正是塞种"随畜迁徙"的游牧生活方式。

石寨山青铜贮贝器器身的造像和纹饰，有力地支持了昆明人为北方塞种后裔的说法。展现战争场面的青铜贮贝器器盖、铜饰牌和献俘鎏金镂花铜扣饰上，出现了几组编发者的形象，他们都是以战败者和杀戮对象的形象出现的。骑马的滇族武士或手提编发者的头颅，或用辫发将头颅捆系于马下；刻文饰片所刻"带枷者"，双手被缚，亦为辫发拖曳。贮贝器的纳贡场面造像中，有"负盾来献者"，其头发分梳为两股结辫垂于背上，另于头顶结小髻。

贮贝器器身纳贡场面"负盾来献者"　　贮贝器器身纳贡场面"牵羊来献者"

展现纳贡场面的青铜贮贝器上，铸有牵羊来献者两人，其发式为双辫垂背，额系带一周，额前带有平突之饰，耳着环，衣长及膝，腰束带，衣以垂纹为饰，不着裤，胫上有裹腿，佩刀于左耳带负于右肩。

这两类编发者的外貌特征均为长发结成发辫垂于背上，耳着环、衣及膝，衣以垂直纹为饰，束腰带，剑佩于左，跣足。据史籍所载，编发的塞种民族时常剽掠云南西部的农业区，他们不仅是滇国濮僚民族（"靡莫之属"）主要的战斗对象，也是堵塞汉王朝向中南半岛延伸势力的最大阻碍。《史记·西南夷列传》提到一件事情：汉武帝在元狩元年（公元前 122 年）遣使"出邛僰"，希望向南开辟通往身毒国（今印度）的商道，然而汉使却被幽闭在昆明人居住的地区（"岁余皆闭于昆明，莫能通身毒国"）。《史记·大宛列传》亦说，这条道路"南方闭嶲、昆明。昆明之属无君长，善寇盗，辄杀略汉使，终莫得通"。

作为滇族征战对象的昆明人延续了草原民族的游牧生产方式，并与北方民族诸如乌孙、大月氏、匈奴之间存在战争或婚姻关系。氏人素有"编发"传统，《三国志》卷 30《魏书·乌丸鲜卑东夷转》引《魏略·西戎传》载"其种非一，称槃瓠之后，或号青氏，或号白氏，或号蚺氏……皆编发。多知中国语，由与中国错居故也"；氏羌系的"嶲"和"昆明"就是现今彝语支各族的直系先民，贵州水西彝族土司安氏在叙述祖先来源的时候，就是称"自旄牛徼外入居于邛之卤"。

公元七世纪，蒙氏乌蛮建立的蒙舍诏兴起，到公元八世纪中叶，"昆弥"被南诏国君主皮罗阁击败，大部分迁移至云南东北、拓东一带，之后就渐渐从史籍隐退不见了。不过，失载于史书，并不等于彻底退出历史舞台。事实上，昆明人在很长的一段时间内依旧非常活跃。唐人樊绰的《蛮书·山川江源第二》提到的"河赕（dǎn）"和"河蛮"，就是滇西地区的昆明人组成的贸易社会群体，从族属上来讲，这些昆明族的"河赕贾客"甚至与"善商贾"的西域九姓胡不乏关联，早在唐朝建立之前，他们就在四川、吐蕃与骠国（缅甸）之间进行远距离的贸易活动。其商贸路线就是滇缅印道，又称为永昌道，它属于"蜀—身毒道"的一部分，始自汉代永昌郡（郡治在今云南保山县境内），向西渡怒江，经高黎贡山进入滇越地区，即今云南腾冲一带。在此分为南北两道，北道经永古、古掸国（今缅甸密支那）至印度东北部，之后进入中亚和西亚地区，南路则是沿今大盈江、伊洛瓦底江而下，至骠国（今缅甸），再至孟加拉湾和印度东海岸。从时间上来看，这条商道自战国晚期就已开通，自汉至唐，延续未断。

在南诏大理国统治云南的五百年间，进献中原王朝的土产当中就有不少是来自西域。例如樊绰《蛮书》所附《云南诏蒙异牟寻与中国誓文》提到，唐贞元十一年（795年），南诏归顺唐朝之后，遣清平官奉表谢恩，并献上方物。

> 唐以祠部郎中袁滋为中丞，赐金紫充册使。赐王银窠金印，印文曰："贞元册南诏印。"王北面跪受。宴使者，出元宗天宝五载所赐王父凤伽异银跳脱马头盘数物，并指老笛工、歌女曰："皇帝所赐龟兹乐，惟二人在耳！"使者曰："南诏世荷唐恩，当深思祖考子孙勿替，尽忠皇唐。"王对曰："敢不敬使者之命。"随遣清平官尹辅首入谢，献铎鞘、郁刀、生金、瑟瑟、牛黄、毡、纺丝、越赕绕伦马。

这其中的"瑟瑟"是中亚粟特地区所出产的宝石，《魏书》卷102《西域传·波斯传》称该国出"金、银、鍮石、珊瑚、琥珀、车渠、马脑、多大真珠、颇梨、琉璃、水精、瑟瑟"；《旧唐书》卷104《高仙芝传》云"（天宝）九载，将兵讨石国，平之……仙芝性贪，获石国大块瑟瑟十余石，真金五六，骆驼、名马、宝玉称是"；《蛮书》卷8"蛮夷风俗"也提

到南诏之民"髻上及耳，多缀
真珠、金贝、瑟瑟、琥珀"；
贡品中的白氎也是出自伊朗波
斯或中亚粟特地区，慧超《往
五天竺国传》在记述中亚安、
曹、史、石、米、康等粟特诸
国风俗时说"此等胡国，并剪
鬓发，爱著白氎帽子"，可知
波斯商人早在汉唐时期就已经
沿着这条贯通南北的商路进入
云南地区做生意了。到了大理
国时期，大食波斯人的入贡也
远涉洱海沿岸，杨慎《滇载
记》："波斯、昆仑诸国来贡大
理者，皆先谒相国（即大理国
高氏）焉"；阮元声《南诏野史》
记述后理国时期段正淳文安元
年（即宋徽宗崇宁四年，公元

| 蚀花肉红石髓珠

| 鎏金二豹噬猪铜扣饰

1105 年）"缅人、昆仑、波斯三夷同进白象香物"。

除了有翼兽带钩，晋宁石寨山的滇王墓葬还出土了其他带有斯基泰
风格的器物。例如石寨山和江川李家山都有见出土的蚀花肉红石髓珠；
江川李家山出土的透明浅色琉璃珠；石寨山出土鎏金狮身人面铜饰牌、
豹狼争鹿镂花饰片、三兽噬牛镂花铜扣饰、一虎捕鹿镂花铜扣饰、鎏金
二豹噬猪铜扣饰。

相较于亚述、阿基梅尼德和中国艺术中那种线条简洁的古典主义风

格，斯基泰艺术偏好层层涂色，造型中常出现激烈的扭曲、旋转和对抗。后蹄反转的卷曲动物纹样是斯基泰造型艺术中一个重要的图像主题。在兽纹饰牌上，动物不是在一个简单的背景中行走蹲坐，而是进行着殊死搏斗，身体像藤蔓一样卷曲缠绕。对照南方与北方的图像材料，可以发现，至少在战国秦汉时期，塞人的活动范围就已不限于西北，从西汉中期开始，到唐宋时期，伊朗波斯虽然几经变迁，但与云南西部地区都保持着不同程度的联系。云贵高原上的塞人身影，很可能是途径永昌道南下来到滇中的，有翼神兽的造型和动物搏斗纹的母题，就是塞人的南迁的遗痕。

去边疆：西北舆地二百年

1768 年，《大清一统志》的纂修官齐召南病逝，这位礼部侍郎生前善治舆地之学，史载其"淹贯群籍，尤谙地理"，著有《水道提纲》三十卷。当时的文坛首领袁枚为齐召南撰写了一通墓志铭：

> 国家疆域恢宏，乌喇、巴哈，俱置侯尉；又新开伊犁。诸臣奉使者，辄先诣齐侍郎家问路。公与一册，某墩某驿，应宿何所，需若干粮，数万里外，若掌上螺纹，毫忽无讹。或问："曾出塞乎？"曰："未也。""然则何由知之？"曰："不过《汉书·地理志》熟耳。"

墓志铭的本意，是要美言齐召南的谙晓两汉书志，不过这段记载在今人读来，却不免透出些讽刺的味道。只要熟读《汉书·地理志》，哪怕是足不出户也能对万里之外的情况了如指掌，这样的吹捧多少有些戏谑的成分在里面。在袁枚的时代，正史中的《地理志》是士大夫了解边疆的主要信息渠道，洪亮吉在嘉庆四年（1799 年）犯事遣戍伊犁，"事出仓促，车马行李，俱无所出"，匆忙当中，他居然还记得把两汉书塞入行囊。在从京城到伊犁的三个月里，每遇名山大川和古道旧塞，他都会把两汉书拿出来，检校其中的《西域传》，孜孜矻矻来一番古今对照。

　　中国古代的舆地学发端于《尚书·禹贡》，后世舆地著作大都围绕水志山经展开，相比起经义道统之学，舆地学属于"术"的范畴，是相对冷僻边缘的学问。古典儒学发展到清代，学风一扫明末心学的流弊，对"经邦济世"之学的倡导，开始激发出学术传统的嬗变。明末清初的鼎革世变，催生了顾炎武、黄宗羲、王夫之"经世致用"三大家。这一阶段，儒学渐渐摆脱盛行了五个世纪的心性之学的羁绊，治儒学者力矫阳明学末流的弊端，以实用为要务，以此作为重构儒学的基石。一度处于中心地位地带的个体道德修养退居次要地位，明道救世的取向被赋予新的意义。乾嘉学派在搜求文献、校勘训诂方面的兴趣使一些古老的西北研究著作浮出水面。在考据之学与实用之学的双重作用下，自清代中期以来，天文、历算、水利、测量、炮术、河工、铜盐、钱粮、漕运和地理这一类以前备受忽略的学问，开始焕发生机并获得了长足的发展，一批散佚的史料得以重现于世。正如王国维在《沈乙庵先生七十寿序》一文中所说：

　　我朝三百年间，学术三变：国初一变也，乾、嘉一变也，道、咸以降一变也。顺、康之世，天造草昧，学者多胜国遗老。离丧乱之后，志在经世，故多为致用之学，求之经史，得其本原，一扫明代苟且破碎之习，而实学以兴。雍、乾以后，纪纲既张，天下大定，士大夫得肆意稽古，不复视为经世之具，而经史小学专门之业兴焉。道、咸以降，涂辙稍变，言经者及今文，考史者兼辽、金、元，治地理者逮四裔，务为前人所不为，虽承乾、嘉专门之学，然亦逆睹世变，有国

初诸老经世之志。故国初之学大，乾、嘉之学精，而道、咸
以降之学新。

清道光咸同年间，一个关注西北舆地的学术共同体开始形成，并逐
渐发展为一种为儒学知识精英所共享的群体性事业。有明一代，西北边
界不过哈密，朱元璋定陕西、甘肃诸镇，嘉峪关以西置而不问，理由是
"关之西一民非民，尺地非土"，因此明代的疆域北限于长城，西不过河
西，蒙古旧部和西域诸国都弃之不顾。在清初几代帝王的经营下，帝国
西部的版图有所扩张，"偏安"的情况才有所改变。相较于内地十八
省，西北始终是一个不平静的边疆。王国维所谓"道咸之学新"的
"新"，是指这个时代的学者受时势所趋，进入了前人所不曾涉足的新领
域，关注的空间从汉族中国延伸到四裔边陲，关注的内容从义理、考据
和辞章拓展到崇尚实地勘踏的"通经致用"之学。陆宝千在《清代思想
史》中，也论及嘉庆以后的儒学途穷思变的局面。

> 白莲教痛溃于腹地，张格尔变乱于西北，英吉利凭陵于东
> 南，士大夫懔于商羊石燕之警，惧有梁倾压侨之祸；于是自陇
> 亩而至庙堂，相与讨论朝章国故，古今利病，边陲离合，绝域
> 政教。而史学兴焉；而经世之音振焉。喣吁相望，遂与明末遗
> 老相桴鼓矣。故吾人于嘉道史学，得以数语结之曰：其起因，
> 为汉学之途穷思变。其助缘，为内忧外患之所激。其精神，则
> 明末遗老经世之心之复苏也。

新疆是西北史地的重要话题。自十七世纪末，清廷在西北多次用
兵，与准噶尔贵族交战，自康熙二十九年（1690 年）始，至乾隆二十二

年（1757年）终，共历七十余年，迭经三朝，平定西北回疆后分别设官驻守。康熙年间，传教士白晋（Joach Bouvet，1656年—1730年）和雷孝思（Jean-Baptiste Regis，1663年—1738年）奉命测绘新疆地图。乾隆帝平定大小和卓之后，又先后两次派人到天山南北两路进行地理测绘。乾隆二十二年（1757年），何国宗、刘统勋等人奉命赴西域勘绘舆图，考察纂录沿途山川地名，编成《钦定皇舆西域图志》和《西域同文志》两部著作，后来收入《大清一统志》。又陆续修成《钦定外藩蒙古回部王公功绩表传》、《平定准噶尔方略》、《钦定河源纪略》等大型志书。随着统一战争的结束，新疆甫入版图，研究西北边疆史地已成为史学界新的要求。

除了这类官修史志，西征的军人、持节使臣和因罪戍边的文人学者，又以游记、笔记、诗歌的形式叙述其所闻见的西北地理和风土人情，如梁质人著《西陲今略》，遍历河西番夷之地，六年成书；马思哈《塞北纪程》记康熙二十九年随驾亲征准噶尔之事，书中记录了从京师经张家口至乌兰布通一线的行军路程以及那场著名的乌兰布通之战；殷化行《西征纪略》记康熙三十四年至三十六年从宁夏出征塞北西域的经历；图理琛著《异域录》，记康熙五十一年（1712年）前往额济勒河（今伏尔加河）探访土尔扈特部之事；方观承《从军杂记》记雍正十一年随征西域事情；夏之璜《出塞日记》详记乾隆初年从北京到乌里雅苏台的各台站设置情况和道路里数；王大枢《西征纪程》记载其谪戍伊犁的途中，由陕甘过哈密，经吐鲁番，终抵伊犁的路程及见闻，并与史籍中的记载处处相验证；封疆大吏永贵撰《回疆志》，不仅记述清廷勘定回疆之始末，且将衙署旧档辑录成册，记载本地天时、地理、山川、城郭、官阶、户口、贡赋、典制、风俗以及耕织、物产核时之有，无不周详。洪亮吉在嘉庆五年（1800年）到达西北，半年后赐还，著有《伊犁日记》、《天山客话》、《万里荷戈集》、《百日赐还集》等，内容多涉及西北山水形胜，叙述风土人情，历历可见。他还在《乾隆府厅州县图志》中，据其闻见论及新疆几个主要城市；在《更生斋文甲集》、《更生斋文乙集》中，也有关于天山等重要山脉的考释文章。

汉唐以来的地理学著作延续的是一个"辑异"和"志怪"的传统，涉及地理的信息含混不清，空间观念也有相互抵牾之处。不论是《尚书·禹贡》中的九州四海论、佛教中以须弥山为轴心的四大洲论、伊斯兰教中以麦加为世界中心的论点，或是欧洲传教士传来的七大洲五大洋的理论，都无法用一以贯之的世界观来整合解释。习惯的做法是将各种异闻"姑录存之，备参考焉"，这不可避免地导致了一种"地理不可知论"的产生。有清一代，地理学开始出现一些质的变化，尽管程朱理学依旧是官方意识形态的基石，但它仅仅是在帝国的中心享受着政治性的供奉，义理与辞章的霸权地位已经被乾嘉学派所动摇。在乾嘉诸君看来，经典的价值应当被重估，具有实用性的经世之学才是儒学遗产的核心内容。地理学就是"经世"学问之一。

说起嘉道咸时期的西北史地之学，就不能不提到山西寿阳县的祁韵士。他是乾隆四十三年（1778年）的进士，曾跟从满洲镶白旗人德保和镶蓝旗人富炎泰学习满文，乾隆四十八年（1783年）出任国史馆纂修，分校武英殿《四库全书》。祁韵士在国史馆历八年之久写成《钦定外藩蒙古回部王公表传》，内容涉及居住在新疆的蒙古各部和南疆的回部。嘉庆十年（1805年），祁韵士因宝泉局亏铜案的牵连，被发往伊犁军前效力。祁氏到疆后，热心于边疆史地研究的伊犁将军松筠十分重视他的才学，请其编撰《伊犁总统事略》和《续西域同文志》，"用叙兵屯镇抚之要，边防形势之宜"，又命赓宁绘制新疆舆图19帧。受命后，祁韵士亲临伊犁各地实地考察，足迹遍及哈密、吐鲁番、乌鲁木齐，经库尔喀喇乌苏到伊犁的天山北路，"所见山川、城堡、名胜、古迹、人物、风俗及塞外烟墩、沙渍，一切可异可怖之状，无不周览遍历，系于心目。"该书定稿之后以《西陲总统事略》一名印行，共十二卷，叙述了新疆统一的经过，并记载了新疆的疆域、山川、城郭、治兵、边防、屯田、水利、矿产、民族等方面的情况，是了解伊犁地区历史、地理、政治、经济等方面情况的重要志书。

这本《西陲总统事略》在嘉庆二十年（1815 年）由另一位西北学巨擘徐松进行重修。徐松（1781 年—1848 年）也是道咸年间西北史地之学的重要人物，他的人生也因遣戍伊犁而跌宕起伏。嘉庆十七年，时任湖南学政的徐松编了一本科举教材《经文试帖新编》，私行刊刻并强令当地童生购买。在被御史赵慎畛弹劾之后，徐松被遣戍伊犁。他从洛阳出发，西出嘉峪关，经哈密折向西北，经过巴里坤、古城、乌鲁木齐、库尔喀喇乌苏到达伊犁。抵达戍所之后，徐松奉伊犁将军之命重修祁韵士的《西陲总统事略》。五年间，徐松遍踏天山南北两路，据他所作《新疆赋》的记载，"越乙亥，于役回疆，度木素尔岭，由阿克苏、叶尔羌达喀什噶尔，历三千二百里。其明年，还伊犁，所经者英吉沙尔、叶尔羌、阿克苏、库车、哈喇沙尔、吐鲁番、乌鲁木齐，历七千一百六十八里。"嘉庆二十五年（1820 年），徐松撰成《伊犁总统事略》十二卷，该书考据与测绘并重，由伊犁将军松筠贡呈御览，新近登基的道光帝对此书非常重视，不仅赐名"新疆识略"，还亲自为之作序，称该书"有图、有表、有叙、有论，虽于古迹、土俗、物产、略而弗书，而河山之襟带、城郭之控制，兵食财赋之储备，田野畜牧之繁滋，条分件系，颠末详胪，成宪旧章，粗已赅备"。在道光帝嘱武英殿刊行《新疆识略》之前，此书就已以抄本的形式流传开来。

城中好高髻，四方高一尺。圣上亲为其书作序，又蒙圣召奏对西陲事迹，徐松顿时声名鹊起，不复是当初遣戍伊犁时那副落魄的样子了。时人称他"自塞外归，文名益噪，其时海内通人游都下者，莫不相见恨晚"。徐松的大红大紫，固然是因为他久负学术声望，更重要的原因，还在于时势造英雄。事情就是这么巧，道光帝甫一即位，迎头碰上的便是一桩南疆的麻烦事。在乾隆朝平定回疆的战争中，有一位大和卓波罗尼都被处死，他的后人张格尔流亡浩罕王国。嘉庆二十五年（1820 年）八月，张格尔在浩罕王国的支持下率众侵扰清朝边卡，回疆狼烟再起。这场前后历经八年方得以平息的叛乱，不仅打破了持续半个世纪的新疆的平静局面，而且也拉开了几乎绵延整个晚清的西北边疆危机的帷幕，一时间西北防务成为朝野目光所聚。道光帝即位之后的几个月之内，屡屡有南疆"滋事"的报告传入禁中，就是在这个当口，急于了解西北边情的道光帝读到了徐松的《伊犁总统事略》。

徐松自此之后居留京中，交游甚广，在其门下出入往还的文人士大夫，无形中形成了一个研治西北史地的学术共同体。根据缪荃孙《徐星伯先生事辑》记载：

> （徐松）所居在顺治门大街，厅事前古槐一株，夭矫空际。颜之曰荫绿轩，读书处曰治朴学斋，朝野名流，相见恨晚……（陈潮）每出城诣先生，为召平定张石洲、烹羊炊饼，置酒大嚼，剧谈西北边外地理，以为笑乐。
>
> 时时就松……剧谈西北边疆及汉唐以来地理，订伪纠谬，博辨以为笑乐，若忘乎当日身在患难中者。

在徐松之后，国运的衰微和西人入侵的刺激再一次唤醒了士大夫阶层"经国济世"的意识，边政研究方兴未艾，谈辽金元史地者，京师以张穆为滥觞；论东南、西南海史地者，以魏源为先河。在他们周围环绕的姚莹、俞正燮、何秋涛、龚自珍、杨亮、程同文等学者，均有关于西北边疆史地的著述问世。

清人常常用"游"、"壮游"、"亲睹"、"亲历"、"亲履"、"目验"等词汇来指舆地研究中的实地考察。汉唐以来的舆地著作，由于时代日久，各类史籍彼此转抄，以讹传讹、撰述失实的状况十分严重。清代治四裔之学的地学名家，对这种"卧游"式的治学方式不太认可，梁份在《秦边纪略》中，就嘲笑了那些"想当然尔"的地志类著作："言边事绘方舆图者，类多剿袭臆拟，如画鬼魅，欺人所不经见。盖地既险僻，士君子所罕游，居人又罕能文，间有传载，得一漏万，置重举轻，无稗实用。"在他看来，其他学问都还好说，唯独舆地学，非亲临其境而不能下笔。梁份本人少年时代即开始治经世之学，《清史稿》称其"尝只身游万里，西尽武威、张掖，南极滇、黔，遍历燕赵、秦、晋、齐、魏之墟，览山川形势，访古今成败得失，遐荒轶事，一发之于文。方苞、王源皆重之"。祁韵士在完成《西陲总统事略》之后，又别摘山川写成《西陲要略》，在自序中他提到亲临其地考察的重要性：

近年士大夫于役西陲，率携琐谈闻见录等书，为枕中秘。惜所载不免附会失实，又有好奇志怪之癖，山川沿革，按之历代史乘，皆无考据。又于开辟新疆之始末，仅就传闻耳食，为之演叙，说舛尤多。夫记载地理之书，体裁近史，贵乎简要，俪不足以信今而证古，是无益之书可以不作。

赤奋若之岁，余奉谪濚池，囊笔自效，缅思新疆二万余里，为高宗纯皇帝神武独辟之区，千古未有。余既得亲履其地，多所周历得自目睹而昔年备员史职，又尝伏读御制文集、诗集，及《平定准噶尔》、《回部方略》二书，故于新疆旧事，知之最详，颇堪自信。

徐松出关后，也是不惮采访之劳，对全疆的山脉、水道走向、关隘、津梁、驿站、台卡、遗址进行了全面调查，笔下常有"亲历新疆"、"所在皆亲睹"、"疏证处皆其得之目验"的记载。《清儒学案·星伯学案》称他"凡所著述，大都援古证今，得自亲历，与止凭图籍者不同。论者谓开辟新疆天山南北路，视同畿甸，为千古未有之事，其所作，亦千古未有之书"。与徐松同戍伊犁的龙万育对徐松的不辞劳苦有一段生动的记述：

先生于南北两路壮游殆遍，每所之适，携开方小册，置指南针，记其山川曲折，下马录之。至邮舍，则近仆夫、驿卒、台弁、通事，一一与之讲求。积之既久，绘为全图。

值得注意的是，徐松等人搜求这类细节的动机，并不是要卖弄博学，而是旨在"入疆域之图，备日后考核之用"。这种"援今证古"的思路，体现出道咸舆地学者对乾嘉考据之学的继承。乾嘉学派的资料多仰赖于文献、金石和碑刻，集名物训诂、版本校勘、典章考据为一体。乾嘉诸君所治的舆地学侧重于文献与名物的参证互订，梳理地域沿革，尤重《汉书·地志》，著作迭出，如全祖望有《汉书地理志稽疑》，王绍兰有《汉书地理志校注》，王谟有《汉唐地理书》，吴卓信有《汉书地理志补注》。以徐松为例，他从以实地考察的结果校释《汉书·地理志》与《汉书·西域传》，为志传作校勘补注，考证古代地名的变迁沿革，所做《汉书西域传补注》从书名到以"补曰"的形式，都与当时考据学家所作的志书校补类著作无异，又征引了王鸣盛《十七史商榷》、钱大昕《廿二史考异》、段玉裁《说文解字注》等小学名家的校勘学著作，为的就是要"信古而证今"。

对名物考证的兴趣，给徐松的遣戍生涯带来了一抹亮色。彭邦畴在论及徐松《新疆赋》时指出，正是这种来源于小学训诂的兴趣，使得徐松的学问呈现出一种收放自如的风格。

> 自来放逐之徒其发为文章，大都反复以辨其诬愤，激以行其志，即或叙忧危之情，写劳苦之辞，亦令观者读不终篇，悄然掩卷，此其皆返于中而不能愧怍于求也，而不能无所怨尤，故不得已而为此。若星伯之兀兀铅椠于殊方绝域之地，宣皇风而扬盛轨，以成其独有千古者，志趣固已过人远矣。

徐松早年师从小学大师左眉，继承了他"专心考据、研究经术"的治学路数。在《西域水道记》里，徐松自称"性好碑碣钟鼎文字，谓足资料考证。在西域披榛荆莽，手拓汉裴岑碑、唐姜行本碑以归，复于敦煌搜得唐索勋及李氏修功德两碑，皆向前著录家所无者"。即便是在凄风苦雨的西行戍边途中，他也不忘一路探古访碑，在巴里坤拓得《汉裴岑纪功碑》，在巴尔勒南山拓得《唐姜行本碑》，在焕采沟拓得《汉永和沙南侯残碑》，在他的《西域水道记》中，收录的不少古代石刻碑碣，都是在遍历天山南北两路的过程中亲手拓录的。这些西域碑刻在民国以后受到中外学人的关注，罗振玉的《西陲石刻录》与《西陲石刻后录》即以徐松《西域水道记》所录碑刻为线索，斯坦因等西方汉学家关于西域的著作中，徐松所录碑刻也屡屡被提及。

清代西北舆地之学，在嘉庆朝的祁韵士和徐松之后，于道光年间再一次出现了"双峰并峙"的格局。龚自珍和魏源是道光朝西北史地研究阵营中的重要成员，也都曾是徐松的座上宾。据说龚自珍年少时就有"遍览皇朝舆地"的志向，然而他由科举入仕的道路，却走得颇为艰难。嘉庆二十四年（1819年），二十八岁的龚应恩科会试不第，淹留京师，心灰意冷之下，开始跟从公羊学大师刘逢禄学习今文经学，从此弃绝考据训诂，依托公羊义理讲求经世之务、倡言变革。龚自珍的公羊学更侧重于援引春秋大义来讥切时政，而对于纯学术的内容，则较少着力。很多友人都曾劝龚自珍"写定《易》、《书》、《诗》、《春秋》"，他却说自己忙着钻研天地东西南北之学，哪有工夫做考据。在他的父执、有十余年官书修纂经历的兵部主事程同文的引领下，龚自珍的兴趣延伸至经略西北边疆的话题。程同文在嘉庆一朝主持撰修《会典》，他将理藩院、青海与西藏部分交给龚自珍校理，龚由此参与到官修西北史志的活动中来。嘉庆二十五年（1820年），龚自珍作《西域置行省议》与《东南罢番舶议》，对西北边防及东南海防提出设想；道光元年（1821年）正月，龚自珍入京，至道光二年（1822年）离京南归，这期间担任内阁中书，在国史馆校对《清一统志》，沉浸于西北史地的研究。道光九年（1829年），三十八岁的龚自珍终于高中进士，朝考作《御试安边定远疏》，信心满满地准备为边疆大业谋划蓝图。然而朝考的结果却是"楷法不及格"，不得入翰林院，彻底粉碎了他入仕的希望。

仕途失意，西北边疆之学于是成为他寄托经世理想的避难所，魏源评价龚自珍说："（君）于经通《公羊春秋》，于史长西北舆地……晚年犹好西方之书。"魏源自己也是一生治西北之学，曾与徐松"商论天下形势、西北舆地"。早在编写《皇朝经世文编》的时候，他就意识到"欲识济时之要务，须通当代之典章，欲通当代之典章，必考屡朝之方策"。道光六年（1826年），魏源作《答人问西北边域书》，后又有《元史新编》，从舆地转移到历史，从当代回溯至古事。在《海国图志》的撰写中，魏源开始接触蒙元文献，此书内容牵涉元史，遂取《元秘史》、《元圣武亲证记》、《蒙古源流》、《长春真人西游记》，刘郁《西使记》等元代史籍，并以列代西域传记和图理琛《异域录》为参考，钩稽旁证，写成"一图四考"（即《元代西北疆域沿革图》、《元代征西域考》上下篇、《元代北方疆域考》上下篇）。正如梁启超所说，"新学"是西学与中国传统经世之学相结合的产物，魏源的《海国图志》正是这一"新"的体现，开启了中西史料汇通之风。1852年刊行的《海国图志》百卷本不仅搜罗考订前代史料，也收入了几种西人著作，如"布路国人玛吉士之《地理备考》与美里哥国人高理文之《合省国志》"。

梁启超在《清代学术概论》中给予龚魏之学很高的评价，认为他们开拓了今文经学的气象，去除了公羊学"非常异义可怪之论"，将公羊学与时事紧密结合，使这一古老的学说更具时代感和批判意识。

> 今文学之健者，必推龚、魏。龚、魏之时，清政既渐陵夷衰微矣，举国方沉酣太平，而彼辈若不胜其忧危，恒相与指天画地，规天下大计。考证之学，本非其所好也，而因众所共习，则亦能之；能之而颇欲用以别辟国土，故虽言经学，而其精神与正统派之为经学而治经学者则既有以异……故后之治今文学者，喜以经术作政论，则龚、魏之遗风也。

在龚自珍、魏源的影响下，探讨本朝掌故和纂修当代史渐为时兴，出现了与当时边防及国势盛衰直接有关的边疆史、外国史地和当代史研究的热潮，何秋涛《朔方备乘》、钱恂《帕米尔分界私议》、张穆《蒙古游牧记》、许克勤《西域帕米尔舆地考》、陈虬《筹边议》都是其中的代表作品。尽管道咸之学在话题和空间上都出现了新变，但从整体上来看，它依然扎根在乾嘉朴学的土壤里。地学诸君究边防以谋御侮，探舆地以图保国，他们对明道济世之学的讲求，对四裔边陲的重视，为同光年间的京师学术团体所继承，缪荃孙、章寿康、沈曾植、蒯光典、邹代钧、钱恂等人搜集并刊印了不少道咸地学名家的著作。对此陈寅恪曾有记载："曩以家世因缘，获闻光绪京朝胜流之绪论。其时学术风气，治经颇尚公羊春秋，乙部之学，则喜谈西北史地。"在时局的推波助澜下，西北地学的一个分支——蒙元史研究在十九世纪中晚期臻于繁荣。李思纯在论及元史的发展时，曾经评论道："斯学自康乾以来，如果树放花，初作蓓蕾，道咸之间，则嫩芽渐吐，新蕚已成。至同光之间，千红万紫，烂漫盈目。"这一脉络并未随着清王朝的覆灭而归于终结。学风流转，由刘师培、章炳麟、黄侃所率领的国粹派将西北舆地研究的传统发扬光大。在抗战前后兴起的"到边疆去"的热潮，道咸年间西北之学的影踪依旧清晰可辨。

说到民国年间的中国知识界，顾颉刚可谓是一个"但开风气不为师"的人物。他对于古史、民俗学和西北史地的探索，无一不是顿开新说，引领学界风尚。据说他在孩提时代就有神童之誉，未能步行，已能识字，未能自食，已读《大学》，奶妈抱着上街，他一路指着招牌认字，店铺老板惊为天人，说"这怕是前世带来的字吧"。十五六岁时，这位清癯的翩翩少年独自漫游于苏州市肆，读书甚广，不求甚解。一次然翻看《国粹学报》，深为折服，自此立下要当"经学家"的志向，欲步章太炎之后尘，以整理古文籍自期。到北京读大学之后，革命潮流风起云涌，他不免受时代裹挟，也曾有过"颇舍弃旧学"的彷徨时刻，但很快又不自觉地重谈前调，醉心于古史考据，而不愿过分涉足现实问题。当时顾颉刚身边的朋友也曾规劝他走出象牙塔，迎合大时代的狂风骤雨，他的回答是："学海壮阔无涯涘，竭一人精力，未必能如培根然，拾得几枚贝壳；若复纷纭他事，是将终无成也。现实问题，非我力所及，有诸君以解决之，我叨惠矣。古籍、古史之问题，我则不敢后人。"

然而事情总是出乎人的意料。原本打算一辈子埋头古籍不问世事的书呆子，最后却成为登高一呼应者云集的先锋人物，领衔"去民间"和"去边疆"的大众启蒙运动，上承道光咸同年间的西北地学余脉，下启二十世纪上半叶的边疆政治研究，开一代风气之先。

促成这种转变的机缘有两次。第一次是在民国初年，这位苏州才子负笈远来燕赵之地，考入北京大学预科学习，没想到却狂热地爱上了京戏，一改平素的板方面目，不惜逃课到戏园听曲捧戏子。这些荒唐事自然是耽误了不少功课，却也成为他今后治民俗学的根基。失之于此而得之于彼，正如他自己所回忆的那样："自从到了北京，成了戏迷，于是只得抑住了读书人的高傲，去和民众思想接近，戏剧中的许多基本故事也须随时留意了。"他对于古史与神话彼此关系的思考，正是从戏曲的"乱"与"妄"中生长出来的。晚清至民国初年的这段时间里，倡导"启蒙"的平民主义广为流行，平民政治、平民教育、平民文学都是时髦的新词。事实上，"启蒙"的概念并非凭空而来，自先秦以降，它就是中国传统的一部分。在经历了十九世纪中叶的剧变之后，中国的知识阶层已经渐渐意识到，技术和制度上的革新并不一定能带来思想与人心上的进步，广开民智才是最急迫的时代要求。1895 年之后，新式报纸、学堂学会、讲习所在城镇中渐次出现，知识阶层对于民智、民德和民力的开发，已经从理论层面的探讨论争走向了实践。在义和团运动的刺激下，所谓的"有识之士"更是痛感"无知愚民"的惊人的破坏力，"开民智"在清末十年间突然成为最流行的口头禅，其脍炙人口的程度，几乎不下于"德先生"和"赛先生"。

顾颉刚可谓是生当其顷。当时的燕园云集了众多有志于推行民众教育的学者。1922 年，北京大学国学研究所的"歌谣研究会"发行《歌谣》周刊，搜集民众的歌谣、谚语、歇后语；1923 年又专门设立"风俗调查会"，印行《风俗调查表》，考察人情风俗与政教沿革，旨在以此为基础，自下而上地推动风俗革命。这一年，已经毕业留校任教的顾颉刚开始加入《歌谣》周刊的编辑工作，成为

| 《歌谣》周刊第一期

周刊后期的实际负责人和撰稿人。作为一个果敢的行动派，他甫一上任就马不停蹄地推行歌谣启蒙的计划，先是在《歌谣》周刊上连载《吴歌甲集》，之后又发表《孟姜女故事的转变》，推出"孟姜女专号"，并组织了北京西郊妙峰山的民俗调查活动。1926 年 10 月，顾颉刚南下福州，在厦门大学国学院与孙伏园、容肇祖等人发起成立"风俗调查会"。他在厦门大学国学院任职期间，受朱家骅、傅斯年之托，乘船离粤，到沪杭一带购买图书。虽然在人际关系上遭遇了种种不顺，但买书的兴致冲淡了杂事带给他的烦恼。在写给老师胡适的信里，他说："（买书）这件事是我极高兴做的……我买书的计划，除普通书外，要收地方志、家谱、档案、科举书、迷信书、唱本、戏本、报纸等。"当时上海滩的石印通俗文学书籍在全国范围内流播非常广泛，他干脆就把市面上能找到的通通买下；又去旧家和小书摊上搜罗医卜星象之类的民间秘本和碑帖，总共购书 12 万册，其中民间文艺约 500 种，装了 120 个大板箱。1927

年，顾颉刚转投中山大学，协助傅斯年筹办语言历史学研究所，依旧念念不忘整理两广民俗，出版《民间文艺》周刊。他接手《民俗》后，在发刊词中呼吁"打破以圣贤为中心的历史，建设全民众的历史"！九一八事变之后，他又组织通俗读物的编写，如《阿毛开车入黄浦》、《傀儡皇帝坐龙廷》、《二十九路军大战喜峰口》等数百本小册子，以"三户书社"的名义出版，取"楚虽三户，亡秦必楚"的用意。

顾颉刚为学的第二变，是在二十世纪三十年代。他自幼即喜好游览，早在求学燕京的时期，就常坐火车遍涉河湟、洮渭之间，品尝"登名山，渡大川，吊故城，搜残碑"的快乐。1928 年春，顾颉刚不堪忍受中山大学复杂的人际关系和各种琐事的纠缠，接受母校燕京大学的聘书，携眷北上，就聘国学研究所研究员兼历史系教授。乍然从沸腾喧嚣的闽粤脱身，回到故都，顾颉刚在幽静的燕园享受了一段颇为自在的读书时光。不过他是出了名的急性子，做事急，做学问也急，好不容易回到自己的书斋里，不免用功过头，一年之后便病倒了。养病期间，他有意改"事笔札"为"事车马"，征得上司洪煨莲的同意后，着手组织旅行团，于 1931 年春出发，游历晋冀鲁豫四省。书斋之外，有一个令他震惊不已的世界。他眼见农村之凋敝与民众"若丐若鬼"的惨状，不忍视而又不得不视，刺目伤心，泪承于睫。回城之后，他常常居华屋而生悲，不知国家命运将会走向何方。当时中国的知识界普遍抱有的一种悲主义的观点，认为暗弱衰败的国势不是单凭一人一力、在一时一刻就可以改变的，等到"升平世"到来的那一天，事情自然就会起变化。顾颉刚并不满意这种解释。尽管他自己也曾浸淫于康有为的"三世"说，却并不相信积贫积弱的现状会在无为而治的等待中自然变好。说到底，他还是一个急急火火的行动主义者，"欲以天下事为己分内事，而遽易其昔者寂寞穷经之心志。"

"九一八事变"前后，顾颉刚频频游历于平绥线上，"越阴山而达百灵庙，饮酪卧毡，与蒙古之主张自治者谈"，更深一步洞察到边疆问题的严重性。1934年，顾颉刚与吴文藻一同前往绥远调查，写成《王同春开发河套记》等文，1936年又着手组织了洄套水利调查团。"七七事变"后，顾颉刚接受了中英庚子赔款董事会的委托，组织西北移垦促进会和西北考察团，亲任团长。尽管这次远赴西北的初衷是为了考察当地的教育，但他始终不能忘情于通俗读物，在西北各地组织了多次讲习会，培养小学教师，并主编了季刊《老百姓》，甚至还着手创作了一部鼓词《大战平型关》，以西北民歌的方式来进行抗战宣传。

与那些道咸年间的地学前辈一样，在游历西北的年月里，郡国利病与边疆要害，是顾颉刚切切不忘之事。他对于边疆问题的兴趣，最初的源头是来自对古史的钩沉。早在执教中山大学时期，顾颉刚就延续自己"古史辨"的路子，开设了一门"古代地理研究"课程，探讨《尚书·禹贡》、《山海经》、《淮南子·地形训》等古籍中的地理观念，尝试用甲骨文、金文、史籍和出土文献多方面的材料分析当时的疆域状况。后来他却渐渐意识到，古史研究必须结合当代的实际情况，古代地理沿革的问题，不是单凭在高文典册中辨伪考证就能解决的。1934年2月，顾颉刚在北京西郊蒋家胡同成立"禹贡学会"筹备处，并于当年3月发起《禹贡》半月刊，次第推出东北、西北、蒙藏、南洋问题专号，讨论的范围不拘于古代地理沿革，更是扩大到民族史和边疆史，每周开一次讲演会，请边疆来北平者及内地治边疆学的专门人士来讲座。他还联合各地的边疆研究刊物，如《新亚细亚》、《康藏前锋》、《蒙藏月刊》等，在《禹贡》半月刊的阵地上刊登许多专号，如《西北研究专号》、《回族与回教专号》、《河套水利调查专号》、《康藏专号》、《察绥专号》等等。1935年，前教育总长、热心地方志搜集的张国淦读了《禹贡》，引为同道，允将自己所著的数百卷《中国地方志考》目录交《禹贡》逐期登载，又于1935年把自己从前所办培德学校的基地捐给禹贡学会，地址在西皇城根小红罗厂8号，从此学会就有了正式的办公场所。从1934年3月出版第一卷第一期到1937年7月停刊时，共计发行了7卷82期。

这段时间顾颉刚在燕京大学讲授"中国古代地理沿革史"，他当时已因《古史辨》一书在学界暴得大名，俨然是史学界的明星，但考据辨伪只是他兴趣的一方面。身处改朝换代的当口，研究历史更是要鉴往事、知来者，正如顾颉刚在《禹贡》第一卷第一期的编后文中所讲的，虽然《禹贡》主要是研究中国历史地理的沿革，"但我们期望中的成绩是应远超于《禹贡》之上的。又我们讨论的地理沿革，并不限于上古地理，就是中华民国的设区设道以及市县的增减材料，也在我们的搜集之中。不过汉以前的，材料少而问题多，材料彼此都可看见，问题彼此都可明晓，所以这方面的文字较多些而已。希望读者能承受我们这个意思，勿重古而轻今。"

《禹贡》半月刊是顾颉刚在整理国故、民众教育和边疆开发三方面工作经历的融合与汇总。考辨古史必然牵涉到与民族与地理有关的内容，这属于"整理国故"的范畴，是顾颉刚从事"古史辨"的余波；向民众普及边疆问题和地理知识，则属于平民教育，目的是"使中国的上层阶级"因《禹贡》半月刊而认识中国，又要"使中国下层阶级因通俗读物而知道自己是中国人"；而借《禹贡》言边疆开发的重要性，又是民族主义情怀使然。在《禹贡学会募集基金启》一文中，顾颉刚阐述了刊发《禹贡》半月刊的用意："《禹贡》一篇，于吾国地理书中居最早，其文罗列九州，于山川、土壤、物产、交通、民族诸端，莫不系焉；今之所谓自然地理、经济地理者，皆于乎见之。以彼时闭塞之社会而有此广大之认识，其文辞又有此严整之组织，实为民族史不灭之光荣。今日一言'禹域'畴不思及华夏之不可侮与国土之不可裂者，以此自名，言简而意远，且论沿革地理之书，自《汉书·地理志》以来，莫不奉是篇为不桃之祖，探源寻流，同仁之工作固当发轫于此尔。"在1936年9月写给傅斯年的信里，他再次提到办《禹贡》半月刊的初衷："弟所以创办禹贡学会，发行《禹贡》半月刊，即是你们编《东北史纲》的扩大，希望兴起读者们收复故土的观念，为民族主义的鼓吹打一坚实的基础。"在《本会此后三年中工作计划》中，他更是一再强调禹贡学会倡导的是救亡图存之学。

> 本会同仁感念国事日非，惧民族衰亡之无日，深知抱"为学问而学问"之态度实未可应目前之急，亦非学人以学术救国所应出之一途，爰纠集同志从事于吾国地理之研究，窃愿借此以激起海内外同胞爱国之热忱，使于吾国疆域之演变有所认识，而坚持其爱护国土之意向。

在《禹贡》半月刊发刊三年的纪念辞中，顾颉刚说：

> 我们希望在真实的学识里寻出一条民族复兴的道来，使得荒塞的边疆日益受本国人的认识和开发，杜绝野心国的觊觎，我们要把我们祖先努力开发的土地算一总账，合法地承受这份我们国民应当享受的遗产，永不忘记在邻邦暴力压迫或欺骗分化下，被夺的是自己的家业。

1936年7月，禹贡学会成立了下属的"边疆研究会"，并组织"河套水利调查团"，这是以学会名义组织的第一次考察，成果结成"调查专号"出版。这些文章涉及河套地区的政治组织、移民、农业、水利、宗教信仰等方方面面，着重强调边疆开发的重要意义，"历代之所以移民河套、戍兵屯田不遗余力者，则以中国的外患常在西北，河套实西北的屏障，国防所系，倘能大事开发，则可以当地的人力物力捍御外侮……时代之盛衰兴替往往可以由该时代河套之开发与否定决。"

禹贡学会的西北考察也是响应了三四十年代国民政府开发西北的号召。对日抗战之前的西北开发，是政府开展大规模国家工业化建设的一部分，而战后开发西北则主要是为了建设国家。自从1932年10月国民党四届二中全会通过"以洛阳为行都，以长安为西京"的决议后，西北开发正式被提上议事日程。1935年7月，蒋介石在对日整体战略中提出"以川黔陕为中心，甘滇为后方"的思路。在视察陕甘宁青四省后，蒋介石提出，要从战略上将西南与西北视作"抗战根据地"与"建国根据地"，在此之后，开发西北、建设西北的口号风起云涌。西北被认为是复兴民族的根据地，"我们民族文化的动向是从西北演进到东南的。西北是中华文明发源地，是中西文化交汇地，追古思今，能激发御侮复国的豪情。"这一时期，朝野上下都对西北考察倾注了大量热情，1942年6月由"中央研究院"与"中央庚款董事会"联合组织的西北实地考察团，历时半年，考察西北的历史、地理沿革及现状；1943年6月，国民党中央设计局组织西北建设考察团，历时八个月，行程近两万公里，成果汇成《西北建设考察团报告》。此外，大批民间社团也致力于"认识西北、研究西北、开发西北"，1937年，西北研究社在西安成立，发行《西北研究》杂志；西北经济研究所在兰州成立，创办《西北经济通讯》，又有各种冠以"西北"之名的综合性刊物面世。

1935年4月，管理中英庚款董事会的杭立武到北平，与戴乐仁一同赴北平研究院访问顾颉刚。顾陪同二人参观成达师范、西北公学，并在北平研究院召开会议，讨论西北教育问题。据顾颉刚《西北考察日记》

记载，该次会议有李书华、查良钊、袁复礼、杨钟健、崔敬伯、白寿彝等人参与，会上达成共识，要因地制宜地在边疆民族中开展现代教育。1937 年夏天，顾颉刚因办通俗读物而被日本人通缉，事发突然，他只得匆匆离开北平避险，先后取道绥远、大同、太原、石家庄、郑州、南京，南下回到苏州老家，然而在苏州旧宅中尚未坐稳，日军的炮火就逼到家门口了。这时，他碰巧得到中英庚款董事会发来的电报，请他前往甘宁青三省考察教育，南北俱不能安居之际，"自喜有此长征机会"，于是在九月间奔赴南京，取水路经九江至汉口，换乘火车抵郑州，再至西安，又从西安乘飞机抵达兰州。这次西北之行差不多历时整整一年，除了在兰州逗留三个月以外，将近八个月的时间，都是在河、湟、洮、岷之间往返考察，在《皋兰读书记》中，顾颉刚感叹："西行至渭远、临潭、卓尼、拉卜楞、河州诸地，观汉、藏、回诸族之杂居及喇嘛教、回教之活动，若入一新世界者。"

1938 年 10 月，38 岁的顾颉刚汇入举国西迁的洪流，南下滇中，在昆明出任云南大学教授。之后数年间，他辗转于西南三省，在昆明、成都、重庆的各大学里先后担任教职，游历西北所得的资料，也在躲避飞机轰炸与料理父丧妻丧的间隙里，一点一点整理成文。1949 年，这些被他称为"零星短札"的村居之书，以《浪口村随笔》之名付印，共六卷，卷一论地理，继承昔日禹贡学会的工作，探求民族史与疆域史；卷二述制度，钩沉周秦时期的社会政治制度；卷三考名物，以多年舟车辙迹所见器物与古代文献的记载两相印证，以今证古，以边疆证中原；卷四评史事，卷五绎文籍，延伸《古史辨》的余绪；卷六记边疆，记录远游西南、西北所见的"蒙藏回爨诸民"的文化与历史。在为昆明《益世报》开设的《边疆周刊》专栏中，也收录了顾氏论及西北舆地与边防要务的文章。顾颉刚生前曾两度亲临西北，除了 1938 年—1939 年的这次为期一年的考察外，1948 年 6 月至 12 月，又应兰州大学校长辛树帜之邀，赴兰州大学历史系讲学半年，担任系主任。在他漫长而坎坷的一生中，西北边疆总是令他念念不忘，从考证古史到倡办教育，顾颉刚在西北收获了宝贵的人生财富，也使西北成为中国的民俗学、历史学、民族学，乃至平民教育和大众启蒙的重要阵地。

华胄从来昆仑巅

1667 年，一个名叫基舍尔(Athanasius Kircher，1602-1680)的德国耶稣会士在阿姆斯特丹出版了一部有关中国的奇书——《中国宗教、世俗和各种自然、技术奇观及其有价值的实物材料汇编》，简称《中国图说》。这位耶稣会士相当博学，精通十几种语言，在有生之年出版过超过四十本著作，内容涉及神学、语言学、物理学、地理学、生物学、人类学和医学，被认为是西方世界最后一位"百艺大师"，享有与达·芬奇和牛顿相媲美的盛名。基舍尔从未来过中国，但是对这个神奇的远东国家，他的热情却是很高。《中国图说》的第六编专门讨论中国文字，引据西亚古史，多方附会，说得头头是道。他相信，中国文字是古埃及象形文字的变体，所以中国人的祖先是诺亚的儿子"含"的后裔，他们从埃及东迁到波斯，再到巴克特里亚，中国古籍中的"孔圣人"就是摩西，那个分开红海的神一样的埃及人。此时正逢欧洲大陆掀起"中国热"，有关中国的信息大量涌入欧洲知识界，经传教士和博物学者的层层转译，出现了各种非驴非马式的介绍。这本《中国图说》中的"西来说"就是一例。

不能不说这是一个泼辣又新奇的理论。不过，在今天的人看来，基舍尔的想象力似乎走得太远了。令人费解的是，这种建立在文字类比上的假说，在十七、十八世纪的欧洲颇为流行，例如波兰的耶稣会士卜弥格、法国的阿夫郎什主教胡爱也都认可基舍尔的看法，认为中国在文字和风俗上与古埃及关联甚密，甚至以希罗多德《历史》中提到的埃及王拉姆西斯二世率十万大军远征中国的事情为证，"不能不信

基舍尔绘制的中国地图 |

中国与印度两民族虽非全属埃及之苗裔，至少其大部分必属埃及人。"

中国人在人种和文化上的起源、衍生和变化，是西方汉学界的老话题了。除"埃及说"之外，还有"巴比伦说"、"印度说"，凡此种种，归根结底都把源头指向西方。这种"文明西来说"在十九世纪余风未减，其中以法国汉学家拉库伯里（Albert Terrien de Lacouperie，1844-1894）出版于十九世纪末期的一系列著作为代表。拉库伯里出生在香港，自幼接受中国传统经籍的熏陶，成年后赴英国出任大英博物馆馆员，并任伦敦大学学院的教授。他的著作有《早期中国文明史》(Early History of the Chinese Civilization, 1880)、《早期中国文献中的巴比伦传统》(Traditions of Babylonia in Early Chinese Documents,

1883)、《早期中国文明的西方起源》(Western Origin of the Early Chinese Civilization from 2300 B.C to 200 A.D., 1894)，还专门办有一份杂志《巴比伦与东方纪事》(Babylonian and Oriental Record)。

拉库伯里的观点是，公元前二十三世纪左右，原居西亚巴比伦及爱雷姆一带已有高度文明之迦克底亚－巴克民族在酋长奈亨台的率领下东迁，自喀什噶尔一路向东，沿塔里木河抵达昆仑山脉，之后辗转入今甘肃、陕西一带，又经长期征战，征服附近原有的苗人部落，来到中原定居，势力深入黄河流域。酋长奈亨台即中国古史传说中的黄帝，"Huang Di"就是"Nakhunte"的讹音，巴克族中的 Sargon 即神农，Dunhit（迦勒底语 Dungi）即仓颉；"巴克"是首府及都邑之名，西亚东迁民族进入黄河流域之后，用故地之名来称呼自己，这就是《尚书》里提到的"百姓"的音转。"昆仑"即"花国"，因其地丰饶，西亚东迁民族到达后，便以"花国"命名之，所以中国称"中华"。他还举出大量中国早期文明与巴比伦文明相似的实例，涉及科学、艺术、文字、文学、政治制度、宗教、历史传统和传说，如认为中国的卦象类似于巴比伦的楔形文字；历法上一年分十二个月和四季，都有二十八星宿之说；金木水火土五日累计法以及定闰月的方法，两地也极为接近。这些似是而非的说法都被用来证明中国文明是巴比伦文明的派生物。

与两百年前的那部《中国图说》一样，拉库伯里的"华夏文明西来说"也不乏牵强附会和臆断之处，体现出明显的欧洲中心主义的色彩。这时候正赶上楔形文字被英国学者罗林森成功破解，西亚学顿成显学，拉库伯里此说一出，起而响应者不乏其人，如英国牛津大学的亚述学教授鲍尔在 1913 年出版《中国人与苏美尔人》一书，就将中国古文字与苏美尔文字中的相同者予以胪列，以此证明中国和巴比伦文明同源。

拉氏学说在十九世纪末年传入日本，白河次郎与国府种德合著《支那文明史》（博文馆，1900 年）一书，亦据此说，将中国文明的发展按照事件、制度和文化领域分门别类与西方进行比较论述，第三章"支那民族西亚来源论"更是为拉氏观点推波助澜。1903 年，《支那文明史》被上海竞化书局译为中文出版。同一年，蒋智由开始在《新民丛报》上连载《中国人种考》，其中一节《中国人种西来之说》用了相当的篇幅来系统介绍拉氏学说。

> 研求中国民族从亚洲西方而来之证据，其言之崭新而惊辟者，莫若千八百九十四年出版之拉克伯里（Terrien de La-couperie）所著之《支那太古文明西元论》（Western Origin of the Early Chinese Civilization）一书。其所引皆据亚洲西方古史与中国有同一之点，于此得窥见中国民族之西来，于西方尚留其痕迹，而为霾没之太古时代，放一线之光。

拉库伯里的臆测和想象，在留日学生眼中不啻为西洋新撰之山海经，它东传入中国后，国粹派立刻将其引为隔世知音，"中国人种文明来自帕米尔高原"的观点，也随着刘师培和章太炎等人的著书立说而广为散布。自 1903 年到 1906 年，经学大师刘师培在《中国民族志》、《攘书》、《论中国对外思想之变迁》、《思祖国篇》、《古政原始论》、《论孔子无改制之事》、《中国历史教科书》等论著中频繁征引拉库伯里学说，结合中国上古史籍的内容，阐发了中国人种、文明西来的观点。例如"世界人种之开化，皆始于帕米尔高原，故汉族初兴，亦大抵由西方迁入"；《攘书·华夏篇》称："汉族初兴，肇基西土。而昆仑峨峨，实为巴科民族所发迹(西书称中国民族为巴科族，即盘古一音之转，古'盘'字读若般，如公输般或作盘之类，巴般之音尤近）。"在 1905 年至 1906 年发表的《古政原始论》中，他又进而提倡巴比伦说，认为"神州民族，兴于迦克底亚。《史记•封禅书》曰：泰帝兴，神鼎一；《淮南子》曰：泰古二皇，得道之柄。泰帝泰古者，即迦克底之转音也。厥后逾越昆仑，经过大夏，自西徂东，以卜宅神州之沃壤，皙种人民称为巴枯逊族。巴枯逊者，盘古之转音，亦即百姓之转音也。"《中国历史教科书》里说："西人之称汉族也，称为巴枯民族，而中国古籍亦以盘古为创世之君。盘古为巴枯一音之转。盖盘古为中国首出之君，即以种名为君名耳……据西人拉克伯里所著《支那太古文明西元论》谓，巴克即百姓，黄帝即巴克民族之酋长，神农即巴庇伦之莎公，仓颉即但克，巴克本该地首府之名。又谓，学术、技术、文字、文学，中国当上古时，无不与巴庇伦迦克底亚相同。所引者共数十事，今不具引，其确否亦不得而定。然拉氏为法国考古大家，则所言必非无据，按以中国古籍，亦多相合，而人种西来之说，确证尤多。"

倾心于拉库伯里学说的除了刘师培，还有章太炎。他在 1904 年出版的《訄书•序种姓》篇中指出："方夏之族，自科派利（按，即拉克伯里）考见石刻，订其出于加尔特亚（按，即巴比伦之地）。东逾葱岭，与九黎、三苗战，始自大皞，至禹然后得其志。征之六艺传记，盖近密合矣。其后人文盛，自为一族，与加尔特亚渐别。" 他甚至拿出校勘和训诂的看家本领，为这一说法多方求证，"宗国加尔特亚者，盖古所谓葛天，《吕氏春秋•古乐篇》：昔葛天氏之乐，三人操牛尾，投足以歌八阕。《古今人表》：大皞氏后十九代，其一曰葛天氏。《御览》七十八引《遁甲开山图》：女娲氏没后有十五代，皆袭庖羲之号，其一曰葛天氏。案自大皞以下诸氏，皆加尔特亚君长东来者，而一代独得其名，上古称号不齐之故。其实葛天为国名，历代所公。加尔特亚者，尔、亚皆余音，中国语简去之，遂曰加特，亦曰葛天。"

陶成章在1904年的《中国民族权力消长史》里，节录了《支那文明史》中介绍拉库伯里学说的部分内容，并用中国典籍进一步予以佐证。他指出：

> 据拉克伯里氏谓奈亨台王率巴克民族东徙，从土耳其斯坦经喀什噶尔，沿塔里木河达于昆仑山脉之东方，而入宅于中原，其说之果是与否，虽不可得而知，以今考之，我族祖先既留陈迹于昆仑之间，则由中亚迁入东亚，固已确凿不误，则其由西亚以达中亚，由中亚以达东亚者，亦可因是而类推矣……西洋历史中名誉赫赫之摩西，称其率以色列族出埃及，建犹太国，为不可及之事。然夷考其绩，徘徊四十年，卒不越红海之滨，以视乎我祖之由西亚以达中亚，复由中亚以达东亚，逾绝大之高岭，渡绝大之沙漠者，其相去果何啻霄壤哉。且我族祖先，非仅冒险远略之毅力，为世所不可几及也。其战斗之能力，亦举世莫能尚。

考古学界更是有学者利用最新出土的材料来证明"西来说"的正确。1904年，梁启超在论及新发现之甲骨文字时，称它是证明汉族与巴比伦同源的证据："如最近发现龟甲文字，可为我族民与巴比伦同祖之一证，孰谓其玩物丧志也耶？"彩陶也成为这种"西来说"的注脚。二十年代在华北和西北进行考古发掘的瑞典学者安特生（Johan G. Andersson，1874-1960年)提出一种"彩陶西来"的观点，理由是河南渑池与甘肃马家窑出土的大量彩陶，与中亚的安诺遗址、特里波里遗址出土的同类器物在器形上非常相似，仰韶彩陶文明的出现，很有可能就是中亚彩陶沿着祁连山北麓和天山北坡的绿色通道向东挺进的结果。

| 安特生

1915 年 5 月上台的袁世凯政府用北洋大臣荫昌作词的《中华雄踞天地间》为国歌，歌词中有"中华雄踞天地间，廓八埏，华胄从来昆仑巅，江湖浩荡山绵连，勋华揖让开尧天，亿万年"之句；1924 年，孙中山在《三民主义》的讲演中，也还认为中国民族西来之说"似乎是很有理由的"，可见这一说法在清末民初中国知识界中的影响之广。

究其原因，大约是外国的月亮比中国圆。洋枪洋炮尚且管用，洋理论自然用不着证伪了。另外一重原因，是"华夏西来"之说正好与中国古史系统中的黄帝神话出现了勾连。黄帝本是无从考稽的神话人物，然而在排满建国的呼声一日高过一日之际，钩沉黄帝事迹、追寻汉族源头，这成为勾画国家新蓝图的第一步，吸引了改良派和革命派的注意力。1903 年，在东京的江苏同乡会发行《江苏》月刊，从该年 6 月的第三期开始，底页的发行日期就从之前的"光绪二十九年"变更为"黄帝纪元四千三百九十四年";同年 7 月 11 日,刘师培在上海的《国民日报》上撰文《黄帝纪年论》,鼓吹黄帝纪年的种种好处。之后如《浙江潮》、《黄帝魂》、《醒狮》、《民报》等刊物都沿用了这种纪年法,甚至在武昌起义之后革命政府的布告里,还可见到"黄帝四千三百九十八年"的说法。不唯如此,刘师培还在一系列论著中阐发"黄帝始祖"的民族观念。他认为"民族者,国民特立之性质也。凡一民族,不得不溯其起源。为吾四百兆汉种之鼻祖者谁乎?是为黄帝轩辕氏。是则黄帝者,乃制造文明之第一人,而开四千年之化者也。"1911 年,《民心》杂志刊登《攘异篇》,几乎可视作是拉库伯里"西来说"的中文版:"嗟我黄族始祖,自帕米尔高原,迤逦东下,至黄帝南驱苗民,北逐獯鬻,建一帝国于中央。"究其原因,《攘异篇》对于汉族源头的这种表述,用意是要凸显黄帝的"征服者"形象,黄帝战蚩尤的神话映射了汉族推翻满族统治的现实,为"驱除鞑虏、排满建国"的口号提供了合法性:"以此精神,贻传子孙,故战国时冠带之国也……皆能攘胡开疆;秦皇汉武,威振绝域,赫然为中国开新纪元。自后历代末运,腥风膻雨,亦尝咄咄逼人。"

祭祀黄帝是国家公祭体系中的最高祭典。从周秦汉唐、到宋元明清乃至民国, 历代帝王及执政者,或亲临黄陵祭扫,或派朝廷大员"奉诏代祭"。在整个二十世纪的国家话语体系中,昆仑之巅的轩辕黄帝更是以"开国君主"的身份成了凝聚中华民族的象征符号。早在 1912 年,中华民国政府就派专员祭扫陕西黄陵县桥山黄帝陵,孙中山亲自书写祭文,称"中华开国五千年,神州轩辕自古传。创造指南车,平定蚩尤乱,世界文明,唯有我先"。1937 年全面抗战爆发之前,国共两党都派遣专员至黄帝陵祭扫,国民党中央执行委员会特派委员张继和顾祝同去咸阳祭扫周陵、去兴平祭扫茂陵之后,派刘震东至桥山,祭"开国始祖轩辕黄帝"之陵,祭文称"粤稽遐古,世属洪荒;天造草昧,民乏典章。维我黄帝，受命于天；开国建极，临治黎元。始作制度，规矩百工；诸侯仰化，咸以宾从"。就在同一天，苏维埃政府主席毛泽东、抗日红军总司令朱德，也派遣代表林伯渠，以鲜花束帛之仪致祭"中华民族始祖轩辕黄帝之陵"，致辞曰："赫赫始祖，吾华肇造。胄衍祀绵，岳峨河浩。聪明睿智，光被遐荒。建此伟业，雄立东方。"两党领袖的祭文都不约而同地提到了黄帝开国的神话，希望借此来整合国家，达到全国上下同心一德，保卫国土的目的。

"华夏西来说"的理论产自西欧，绕道日本，引进中国知识界之后，先是备受追捧，后来一步步被证伪，在国民政府初年已是明日黄花了，但随着抗战的爆发和中央政府的西迁，西北跃居为舆论的焦点，中华民族来自西方的观点，遂又依附于黄帝神话而再获青睐。国民党中央执监委员会在祭祀黄陵的祭文中，仍然言之凿凿地提到"西来"与"东迁"："于赫元祖，睿智神明，爰率我族，自西徂东，而挞伐用伸。"那位神奇的耶稣会士基舍尔如果地下有知，想来一定会呵呵大笑吧。

寻玉记

晋武帝太康二年（281 年），一位汲郡人盗掘战国魏襄王墓，意外发现了一批写在竹简上的古书，盗墓者想要的是金珠宝贝，对于这些散乱的竹简，根本不以为意，竹简被点燃用来照明，墓中宝物也被悉数取走。官府听到消息，赶紧派人前往收书，可惜收来的又都是些烬简断札，多毁落残缺，仅得素丝竹简数十车，从汲郡运抵京师洛阳。晋武帝命中书监荀勖、杜预整理，校缀次第，寻考指归，翻印成当时文字，共十五部八十七卷。这批竹简皆为蝌蚪文写成，每简四十余字，记载夏以来至周幽王为犬戎所灭以及三家分晋之事。后世人将这批竹简称为《竹书纪年》或《汲冢书》，共七十五篇，其中有记周穆王西巡的《穆天子传》五篇。

这位穆天子到底是真有其人，还是茫昧难考的神话人物，至今依旧是众说纷纭。自从汲冢竹简问世以来，历代史家皆将《穆天子传》列入史部起居注类，或是传记类、杂史类，直到清代《四库全书总目》始列入子部小说家类，理由是《穆天子传》叙述的西游故事"夸言寡实，恍惚无徵"，近于神话而远非信史。《隋书·经籍志》称"多杂碎怪妄，不可训知"，即便出现在史籍中，穆天子西巡的事迹也都只是寥寥数笔带过。

| 南阳汉画像石：穆天子御驾

如《左传·昭公二十年》称："穆王欲肆其心，周行天下，将皆有车辙马迹焉。"《史记·秦本纪》集解引《竹书纪年》称："穆王十七年，西征于昆仑丘，遂见西王母。"《列子·周穆王》释文亦引《竹书纪年》："穆王十七年西征，见西王母，宾于昭宫。"《史记·秦本纪》："造父以善御幸于周繆王，得骥、温骊、骅骝、騄耳之驷，西巡狩，乐而忘归。"《史记·赵世家》："繆王使造夫御，西巡狩，见西王母，乐之，忘归。"

从洛阳出发后，穆天子御驾西征，足迹所及，行程逾万里，远方诸国纷纷逢迎礼遇。他一路走，一路搜求各地宝贝奇珍，其中玉是他的重要目标。当穆王来到河套之地的河宗国之后，大服帗带，夹佩奉璧，南面而祭河神。他将玉璧和牺牲沉入河水，虔诚祝祷。这时，河伯传下天语，直呼穆王之名，叫他从今往后不要忘记定时祭享的事情，又吩咐他去昆仑山看宝贝："穆满，示女春山之瑶……乃至于昆仑之丘以观春山之瑶。"穆王遂一路向西北，经过赤乌氏、容成氏等国。在辛酉日，他登上昆仑峰，参观黄帝之宫殿，准备全套的牺牲，祭拜昆仑山。之后往北，驻跸珠泽湖畔，当地人向穆王献上稀世白玉。在赤乌氏的地盘上，

和田美玉 |

穆王得到了象征天命所归的嘉禾（"取嘉禾以归，树于中土"），他不禁感叹道："赤乌氏，美人之地也，宝玉之所在也。"在容成氏境内的群玉之山，穆王收获了大量美玉（"天子于是取玉三乘，玉器服物，于是载玉万只"）据后人考证，这个"群玉之山"在今天新疆莎车附近，名叫密尔岱山，以盛产美玉闻名于世，直到清朝，这里每年都要向朝廷进贡美玉万斤。

在一路收集了这些美丽的宝物之后，穆天子终于来到了西王母的土地上。他捧着白色的玉圭和黑色的玉璧觐见西王母，向她献上来自中原的丝绸。据《穆天子传》卷3的记载，"癸亥，至于西王母之邦。吉日甲子。天子宾于西王母。乃执白圭玄璧，以见西王母，好献锦组百纯，□组三百纯，王母再拜受之。"乙丑日，西王母设宴，与穆天子宴饮于瑶池之上。瑶池就是美玉之池，所以后世又将西王母称作"瑶母"。欢饮之际，西王母为穆天子吟诵了一首情意绵绵的歌：

白云在天，
丘陵自出。
道里悠远，
山川间之，

将子无死，
尚能复来。

穆天子和之曰：

予归东土，
和治诸夏。
万民平均，
吾顾见汝。
比及三年，
将复而野。

西王母又为天子吟道：

徂彼西土，
爰居其野。
虎豹为群，
於鹊与处。
嘉命不迁，
我惟帝女。
彼何世民，
又将去子。
吹笙鼓簧，
中心翔翔。
世民之子，

唯天之望。

觥筹交错之间，二人颇有依依不舍之意。两人和歌的事情，也见于刘向校定的《列子》卷3《周穆王第三》：

> 穆王……遂宿于昆仑之阿，赤水之阳，别日升昆仑之丘，以观黄帝之宫，而封之以诒后世。遂宾于西王母，觞于瑶池之上，西王母为王谣，王和之，其辞哀焉。乃观日之所入。

汉画像石：穆天子见西王母 ｜

在中国古典文学传统中，帝王离开政治中心，来到边陲外邦游历，与异族女性或女神不期而遇，这是十分常见的母题。按照阴阳二元的符号象征体系，儒教、节妇、中原、华夏都是属于"阳"的势力，与之相对的是代表着"阴"的佛道、妖孽、边陲和异域。穆天子遇西王母、曹植遇宓妃、楚襄王遇高唐神女、唐玄奘遇西凉女国主，凡此种种，都是这一性别想象的衍生物。"西方"与"外邦"的政治首领以"女主"(纯阴)的身份出现,这暗示了她与中原"君王"(纯阳)特征的对立。她们主动向中国男性的代表献上宝贵的礼物,为其政治与道德的合法性做出神圣的验证。

在晚清文人王韬(1828年—1897年?)的文言小说集《淞隐漫录》中,我们也可以看到这种母题的持久影响力。其中《海底奇境》一文描述南京书生聂瑞图周游世界,由于外貌出众,每到一地都受到当地民众的热烈欢迎:"生性既风流,貌亦俊俏,游屐所临,辄先一日刊诸日报,往往阖境出观,道旁摘帽致敬者亘数里,星使无其荣也。"在瑞士,聂生邂逅"美丽甲泰西"的女教师兰娜,二人一见如故,结为伉俪,兰娜甚至开始学习中国文化,作曲填词。《海外壮游》中的江南才子钱思衍出游英伦,一路上受到来自英国各阶层的女子的爱慕,几有"看杀卫玠"之况。《媚梨小传》中婚姻不幸的英国世家女在来华旅行途中嫁给中国士人丰玉田,之后著华服,操华语,旁人见之,"几乎不辨为西妇也"。在小说构建的想象世界中,男主人公几乎都是家拥巨资、胸襟旷远、愿乘长风破巨浪的饱学之士,其壮游海外固然有个人猎奇的动机,但他们都几乎无一例外地肩负着中央王朝"化胡"和"柔远"的使命,迎娶西方美人的情节,就是这一文化想象的产物。

同治五年(1866年),汉军旗人斌椿率领同文馆学生三人,奉命出使欧洲十一国,游历四月有余,归国著有《乘槎笔记》传世。年近古稀的斌椿因其出洋的经历,常自诩"东土西来第一人",在他的笔记和诗集《海国胜游草》中,也出现了穆天子和西王母的意象。他在欧洲期间,曾多次乘坐火车,惊讶于"奇技淫巧"的优越,那种"瞬息六百里,飞仙应我羡"的速度,更是让他想起策马西游的穆天子。于是,他在《初乘火轮车》诗中自然而然地引用了这个典故:"宛然筑室在中途,行止随心妙转枢。列子御风形有似，长房缩地事非诬。六轮自具千牛力，百乘何劳八骏驱。若使穆王知此法，定教车辙遍寰区。"根据《乘槎笔记》的记载，斌椿一行人在五月抵达"斯大克阿剌们"（今斯德哥尔摩），受到瑞典"太坤"（太后）的接见。太后云："中华人从无至此者，今得见华夏大人，同朝甚喜。"斌椿的回答是："中华官从无远出重洋者，况贵国地处极北，使臣非亲到，不知有此胜境。"并吟诗一首赠予太后："西池王母住瀛洲，十二珠宫诏许游。怪底红尘飞不到，碧波青嶂护琼楼。"

穆天子会见西王母的故事，在后世出现了层累叠加的现象，除去情节的增加，最明显的变化就是男主人公身份的变化。首先被创造出来的是东王公。《神异经·中荒经》中说："昆仑之山有铜柱焉，其高入天，所谓天之柱也。周三千里，周围如削，下有回屋，方百丈，仙人九府治之，上有大鸟，名曰希有，南向张左翼覆东王公，右翼覆西王母，背上小处无羽一万九千里，西王母岁登翼上，会东王公也。"其《鸟铭》曰："有鸟希有，碌赤煌煌。不鸣不食，左覆东王公，右覆西王母。王母欲东，登之自通，阴阳相须，唯会益工。"这里提到的东王公又名东王父、扶桑大帝、东华帝君。《神异经·大荒经》中对他的描述是"东荒山中有大石室，东王公居焉，长一丈，头发皓白，人形、鸟面、虎尾，载一黑熊"；《集说诠真》称："东王公为男仙之主，西王母为女仙之宗……长生飞化之士，升天之初，先觐西王母，后谒东王公。"东王公大约是在东汉章帝、和帝之间（76年—105年）被创造出来的，在汉代的神话信仰体系中，他与西王母构成一对平衡的阴阳关系。这种两神对应配置的模式，有不少图像材料传世，较早的实例见于山东嘉祥武氏祠堂中的武梁祠，年代为东汉桓帝元嘉元年（151年）。到东汉晚期，东王公—西王母的图像结构已经成为祠堂仙人图像的标准模式，通常是顶端以二人为核心，辅以捣药玉兔、羽人、蟾蜍、九尾狐、灵芝、瑞兽、三足乌、梯几、龙虎座的形象。

| 敦煌莫高窟 296 窟（北周）西王母东王公凤辇出行图

西汉中期以后，又有汉武帝会见西王母的传说产生，如西晋张华《博物志》就在穆天子拜见西王母的基础上，敷衍出七月七日汉武帝与西王母相见的情节。《博物志》卷 8 云：

> 汉武帝好仙道，祭祀名山大泽，以求神仙之道。时西王母遣使乘白鹿，告帝将来。乃供帐九华殿，以待之。七月七日夜漏七刻，王母乘紫云车而至于殿。西南面东向，头上大华髻，青气郁郁如云。有三青鸟如鸟大，立侍母旁。时设九微灯，帝东面西向。王母索七桃大如弹丸，以五枚与帝，母食二枚。

南朝人托名班固所做的《汉武帝内传》也有类似的情节，言汉武帝好神仙之道，造访名山大川，殷殷之情感动了西王母降临：

> 到七月七日，乃修除宫掖，设坐大殿，以紫罗荐地。燔百

和之香，张云锦之帷，燃九光之灯，列玉门之枣，酌葡萄之醴
……闻云中箫鼓之声，人马之响。半食顷，王母至也。县投殿
前，有似鸟集。或驾龙虎，或乘白麟，或乘白鹤，或乘轩车，
或乘天马。群仙数千，光耀庭宇。既至，从官不复知所在，唯
见王母乘紫云之辇，驾九色斑龙。

甘肃酒泉丁家寨十六国墓壁画 ｜

　　在这里，西王母不复为面容可憎、半人半兽的异域神灵，而是容颜
绝世的盛年美妇人，她因爱慕汉武帝而下凡，七月七日夜漏七刻，携玉
女青鸟，驾着紫云车来到汉宫，向汉家帝王献上琼浆玉露和仙桃。值得
注意的是，这里描绘的西王母周身的打扮都与道士无异："带灵飞大
绶，腰分头之剑，头上大华髻，戴太真晨婴之冠，履玄珥凤文之舄"，
她还为汉武帝讲授内修益精之道，这些内容无疑是受道教上清派影响的

结果。上清派道士改造了当时汉魏民间社会中流行的西王母信仰，至南朝时期，这种信仰成为一种兼具民间祠庙信仰和上清经派道教元素的民间宗教。

尽管西王母在古代中国神话中占有突出的地位，对她的崇奉也历时弥久，但她的身份却始终是扑朔迷离的。她到底是谁？对于西王母的记载，最早可追溯到殷卜辞中的"西母"二字，西周青铜器上也出现有"王母"字样。《山海经·西山经》云：

> 西南四百里，曰昆仑之丘，是实帝之下都……又西三百五十里，曰玉山，是西王母所居也。西王母其状如人，豹尾虎齿而善啸，蓬发戴胜，是司天之厉及五残。

《山海经·大荒西经》云：

> 西海之南，流沙之滨，赤水之后，黑水之前，有大山，名曰昆仑之丘。有神人面虎身有文，有尾皆白，处之其下。有弱水之渊，环之其外。有炎火之山，投物辄然。有人戴胜，虎齿，有豹尾，穴处，名曰西王母。此山万物尽有。

由此可知西汉末年的西王母还是一位面目狰狞的神灵，豹尾虎齿、蓬发戴胜，司瘟疫，掌刑罚。已知最早的西王母图像发现于公元前一世纪前叶的洛阳卜千秋墓中，该墓葬的年代是西汉昭宣时期，即公元前86年—公元前49年，在第四号画像砖上，刻绘着一位高髻垂鬟、身穿长袍，怀抱三足乌的女子，孤独地立在一段波浪状的云纹上。

由于官府的大力提倡，西王母信仰在汉代十分兴旺，享有专祀。《太平御览·礼仪部》引《汉旧仪》称："祭西王母于石室，皆有所，二千石，令、长奉祀。"后汉赵烨《吴越春秋》卷5称："（越王）立东郊以祭阳，名曰东皇公，立西郊以祭阴，名曰西王母。"逮至西汉晚期，西王母崇拜已经成为一个颇成组织的信仰体系，哀帝建平四年（公元前3年），京都大旱，各地聚拜西王母以祈雨，民众相互传递西王母下赐的诏书（"传行诏筹"），以求免于干旱和食物匮乏之苦，上至帝王公卿，下至贩夫走卒，"万民皆付西王母"，一时间群情沸腾，震动全国。据《汉书·哀帝纪》记载，"关东民传行西王母筹，经历郡国，西入关至京师。民又会聚祠西王母，或夜持火上屋，击鼓呼号相惊恐。"《汉书·五行志》也记载了这场几乎席卷全国的群体性宗教狂热：

> 建平四年正月，民惊走，持稿或楺一枚，传相付与，曰行诏筹。道中相过逢，多至千数，或披发徒践，或夜折关，或逾墙入，或乘车骑奔驰，以置驿传行，经历郡国二十六，至京师。其夏，京师郡国民聚会里巷仟佰，设张博具，歌舞祠西王母。又传书曰："母告百姓，佩此书者不死，不信我言，视门枢下，当有白发。"至秋止。

这场充满神异色彩的"诏筹"活动，其起因仍旧是一个谜，但西王母这位女神的凝聚力在其中的作用是不可否认的。时逢王莽新朝，面对即将一发不可收拾的局面，他下诏称这是元皇后成为"文母太皇太后"的征兆："哀帝之代，世传行诏筹，为西王母共具之祥，当为历代母，昭然著明。予只畏天命，敢不钦承。"同一时期的占卜书《易林》有二十四处提到了西王母，更收录了多条关于她的巫词，如"弱水之西，有西王母，生不知死，与天相保"；"晨夜惊骇，不知所止，皇母相佑，卒得安处"；"穿鼻系珠，为虎所拘，王母祝福，祸不成灾，突然自来"，意思大抵类似，都是将西王母塑造为救民于灾祸的神灵。在后世，西王母屡屡化身为民间教派中的女性至上神和救世主，例如明清宝卷中的"无生老母"又称作"瑶池金母"，她统领三佛，住在三十三天的"真空家乡"，泪眼汪汪地等待她失散人间的孩子回到身边。

陕甘一带有很多供奉西王母的祠庙。据《古今图书集成》"山川典"和"坤舆典"的记载，"临羌，西北至塞外，有西王母石室，仙海盐池。北则湟水所出，东至允吾，入河西，有须抵池，有弱水，昆仑山祠"；"灵寿，二汉晋属，有所山西王母祠。"还有西海郡，"置在古伏俟城，即吐谷浑国都，有西王母石窟"；在酒泉县，"昆仑山在县西南，如昆仑之体，故名之，周穆王见王母于此山。汉平帝时，金城塞外羌献鱼盐之地，遂得西王母石室，以为西海郡。"平凉泾州王母宫"在州西三里回中山，下临泾水。旧志：西王母乘五色云下降，后帝巡郡国，望五色云祀之，而五色云屡见于此，因立祠，后改为宫"。

在公元二世纪，西王母神话开始和昆仑山神话出现融合，西王母居于昆仑山上的说法，渐渐开始流行。如《汉书·地理志》云："西北至塞外，有西王母石室、仙海、盐池。北则湟水所出，东至允吾入河。西有须抵池，有弱水，昆仑山祠"，《淮南子·堕形训》："西王母在流沙之濒，乐民絮闻，在昆仑弱水之渊"；《太平御览》道部三引《尚书》称："王母之国在西荒，凡得道授书者，皆朝王母于昆仑之阙"，山东金雀山九号汉墓的帛画、湖南砂子塘一号汉墓和马王堆一号汉墓的棺画上，都有三峰耸立的昆仑山造型。昆仑神话被合并到西王母神话当中，这在汉代图像艺术和文学创作中都有相当多的证据，究其原因，当与汉武帝开拓西部的历史事件有关。随着军事力量的向西推进，那些曾经存在于想象中的高山、河流与民族，逐渐浮出水面，成为真实的存在。

　　昆仑山被认为是仙境的入口，这里出产的美玉很早就为中原人所注意了。《史记》就提到"汉使穷河源，河源出于阗，其山多玉石，采来。天子案古图书名，河所出山，曰昆仑云"。《管子·轻重甲》称："辟千金者，白璧也，然后八千里之禺氏可得而朝也。簪珥而辟千金者，琳琅玕也，然后八千里之昆仑之墟可得而朝也。"《管子·轻重乙》："金出于汝汉之右衢，珠出于赤野之末光，玉出于禺氏之边山，此度去周七千八百里，其涂远，其至陀"；《国蓄篇》云："玉起于禺氏"；《地数篇》云："玉起于牛氏边山。"这里反复出现的"禺氏"就是月氏，在先秦典籍中，也写作"禺知"、"牛氏"、"月支"，其地在雁门之西北、黄河之东。《逸周书·王会解》："伊尹献令"列禺氏于正北，《穆天子传》"己亥至于焉居禺知之平"；《史记·大宛列传》："始，月氏居敦煌、祁连间。"禺氏所居之地产玉石，所谓"旁山"、"边山"，就是指昆仑山。或许是因为大月氏曾经一度垄断玉石贸易，此地所产之玉就被称为"禺氏之玉"。

　　居住在昆山之巅的西王母就理所当然地被视作玉的女神，有意思的是文献中有关西王母的记载几乎都有"玉"的意象出现。如《山海经·大荒西经》载：

　　　　西有王母之山，壑山、海山。有沃之国，沃民是处。沃之野，凤鸟之卵是食，甘露是饮。凡其所欲，其味尽存。爰有甘华、甘祖、白柳、视肉、三骓、璇瑰、瑶碧、白木、琅玕、白丹、青丹、多银铁。鸾凤自歌，凤鸟自舞。爰有百兽，相群是处。是谓沃之野。有三青鸟，赤首黑目，一名曰大鵹，一名曰少鵹，一名曰青鸟。

《山海经·西次三经》云：

是有玉膏，其原沸沸汤汤，黄帝是食是飨。是生玄玉。玉膏所出，以灌丹木，丹木五岁，五色乃清，五味乃馨。黄帝乃取峚山之玉荣，而投之钟山之阳。瑾瑜之玉为良，坚粟精密，浊泽而有光。五色发作，以和柔刚。天地鬼神，是食是飨君子服之，以御不祥。

后汉张衡《思玄赋》："聘王母于银台兮，羞玉芝以疗饥。戴胜赟其既欢兮，又消余之行迟。戴太华之玉女兮，召洛浦之宓妃。"《晋书》提到凉张骏时，酒泉太守马岌言酒泉南山即昆仑之体，请建祠以祀西王母，理由是：

酒泉南山，即昆仑之体也。周穆王见西王母，乐而忘归，即谓此山。此山有石室玉堂，珠玑镂饰，焕若神宫，宜立西王母祠，以裨朝廷无疆之福，骏从之。

原本是中原王朝的君主西行求玉，在后世这一神话却转变为西王母前来献玉，如《大戴礼记·少闲》载："昔虞舜以天德嗣尧，布功散德制礼。朔方幽都来服，南抚交趾，出入日月，莫不率俾，西王母来献其白琯。"《太平御览》卷 692 引《瑞应图》称："黄帝时，西王母乘白鹿来献白环。"《宋书·符瑞志》称："西王母，舜时来献白环白珮。"这不禁令人想起《圣经》中一则类似的故事。公元前十世纪，以色列在第三代君主所罗门王（King Solomon）的统治下民富国强，所罗门智慧通达的名声也传到了远方。阿拉伯半岛的西南部的萨巴族女首领示巴女王（Queen of Sheba）带着随从和黄金、宝石、香料，千里迢迢北上，赴耶路撒冷访问所罗门王。甫一来到这座都城，示巴女王就被黄金宫殿所震惊，更为出乎意料的是，所罗门王回答了她提出的所有刁钻古怪的难题。这位南方的女王拜服无词，把带来的黄金、宝石、香料都送给了所罗门，当然所罗门也还赠了大量珍贵的礼品，以示国威。有趣的是，这两位君主之间，隐约还有点罗曼史。据说他们生了个儿子，名叫美内理克（Menelik），后来这位王子渡海前往埃及，在今天的埃塞俄比亚建立国家。

示巴女王礼拜神木（意大利阿雷佐圣方济各教堂壁画，1452 年—1464 年）|

外邦女王来访的故事，成为后世文学与绘画艺术中一个长盛不衰的母题。不过，所有美丽传说的背后，都有一个不那么美丽的现实。示巴女王此行绝不是来跟所罗门斗嘴的。公元前一千年左右，示巴国的经济命脉很大程度上依赖于东方，通过转销印度购进的香料和宝石来获取财富。如果所罗门王属下的犹太人大举南下，那么示巴国的商贸中介地位将岌岌可危。女王前来拜见所罗门，大约也不乏求情的意思，希望以色列的犹太人不要南下红海地区，断了自己的财路。

同样，这位穆天子兴师动众地西巡至昆仑山，也绝不仅仅是为了去寻找那位神秘的女神。他有着更为实际的动机。东亚大陆的玉文化传统始于内蒙古东部、辽宁西部的兴隆洼文化，对玉玦、玉管、玉珠的使用早在八千年前就已经相当成熟了。在中原王朝看来，玉石是一种跟王权建构相关联的神圣象征物，因此对玉料的占有和垄断就成为一件重要的事情了。也因此，西行的驱动力在于一种对玉的信仰，而绵延几千公里的走访和探寻，只是一个将玉石信仰加以"物化"的过程。